潮見佳男 プラクティス民法 債権総論〔第5版〕

改正法の体系を念頭において、CASEを整理、改正民法の理論がどのような場面に対応しているのかの理解を促し、「制度・概念の正確な理解」「要件・効果の的確な把握」「推論のための基本的手法の理解」へと導く。全面的に改正法に対応した信頼の債権総論テキスト第5版。

A5変・上製・720頁
ISBN978-4-7972-2782-6 C3332
定価:本体5,000円+税

四六・並製・630頁
ISBN978-4-7972-5749-6 C0532
定価:本体1,000円+税

法学六法'19

【編集代表】
池田真朗・宮島　司・安冨　潔
三上威彦・三木浩一・小山　剛
北澤安紀

【2色刷で見やすい薄型・軽量六法】
法学を初めて学ぶ人や携帯用に便利の六法。2019年版は新たに7法令を追加するとともに、重要改正を反映（民法（債権法・相続法）、刑訴法（司法取引）等）。92件を収録しながら、軽量、薄型を実現。使いやすい〔事項索引〕付き。

〒113-0033　東京都文京区本郷6-2-9-102　東大正門前
TEL:03(3818)1019　FAX:03(3811)3580　E-mail:order@shinzansha.co.jp

信山社
http://www.shinzansha.co.jp

山中敬一 監訳
クラウス・ロクシン
刑法総論
第1巻［基礎・犯罪論の構造］
【第4版】［翻訳第1分冊］

【原著第4版の翻訳がついに完結】
ドイツ刑法学を長く牽引し、中心的な役割を果たしてきたロクシン教授の体系書第4版。翻訳は2分冊とし、本書はその前半を収める。著者の思想・方法論から、最新判例・学説・理論を明晰かつ総合的に検討した古典的名著。

A5変・上製・828頁
ISBN978-4-7972-5543-0 C3332
定価：本体 **14,800**円＋税

田中宏治 著
代償請求権と履行不能

代償請求権に関する本邦初の単行書。とりわけ平成29年民法改正によって新設された償請求権規定および履行不能規定を考察。立法された経緯や、沿革、外国法の状況を詳細に紹介。今後、具体的にどのような問題が生じるか、その場合に裁判官がどのような基準で判断を下すべきか、広範かつ精緻に検討。

A5変・上製・588頁
ISBN978-4-7972-6831-7 C3332
定価：本体 **7,200**円＋税

〒113-0033 東京都文京区本郷6-2-9-102 東大正門前
TEL:03(3818)1019 FAX:03(3811)3580 E-mail:order@shinzansha.co.jp

信山社
http://www.shinzansha.co.jp

アメリカ合衆国憲法における
連邦制度と裁判(対人)管轄権訴訟

アメリカ合衆国憲法における
連邦制度と裁判(対人)管轄権訴訟

河原田 有一

信 山 社

はしがき

　今回，本書の刊行にあたっては，まさに人生の終盤になってしまったことは慚愧の念に堪えないの一語につきます。

　アメリカ合衆国の対人管轄権に関する著作は『アメリカにおける人的管轄権の展開』という坂本正光先生の名著があり，これと並び称されるものをと思っているうちに，多くの時間を費やしてしまった。

　あとがきでも書いたように，対人管轄権訴訟の連邦最高裁判決が2011年から堰を切ったように出され，それを書き加えることに翻弄された。連邦制度についてはトクヴィルの『アメリカのデモクラシー』を多く引用し，最新の著作について言及しなかったことは研究不足を指摘されても甘受せざるを得ない。

　しかし，彼の連邦制度に関する体験的感性とも言える見識は，筆舌に値する。

　アメリカ法を学ぶ者にとっては必読書として取り上げたい。

　完全翻訳版が出版されたのがほんの12－3年程前であったことが惜しまれる。アメリカ法に関心を持ち始めた大学生の頃に，より深く読みこんでいればと感慨深く感じいっている。

　アメリカ合衆国において著名なHolmes判事および，Hand判事が裁判管轄権訴訟において大きな影響力を及ぼしていたことも本書を書き進めるうちに理解することができた。

　本書は判例を中心に記述しているが，連邦最高裁判事の多数意見，少数意見等，各判事の個人的見解を示すことで，そのJudicial Behaviorを多少とも示すことができたと考えている。

　Forum Non Convience（不便な法廷地）の理論，航空機事故に関する判決に多く適用されたことによってその法理が発展していった。

v

はしがき

　日航御巣鷹山事故は，FNC の法理の適用判例としては，注目されたものではなかったが，個人的な思い入れから本書のテーマとは直接関係ないにもかかわらず，多くの枚数をさいてしまった。

　それは30年後に出てきた新たな証言等を調べれば調べる程，34年たった現在でも，事故原因の不透明さは拭いされないためからである。

　FNC の法理が適用されず，アメリカワシントン州での裁判がおこなわれていたならば，より透明性が確保されたのではないかと想像する。

　対人管轄権訴訟は，アメリカ合衆国特有の憲法上の適正手続がおこなわれているかについての，手続法上のデュープロセスの問題が中心的な争点である。

　一方，実体法上の問題についても関連することから，会社法，不法行為法等様々な法を学ぶチャンスを与えられたことは，この分野を研究対象としたおかげだと考えている。

　なお，日米比較法として民訴法3条に関する判例と最新連邦最高裁判例との対比についての論述は他日を期したい。

　　2019 年 7 月

　　　　　　　　　　　　　　　　　河原田　有一

目　次

はしがき（*v*）

序章　本書の目的——本書の構成と論点 …………………………3

Ⅰ　連邦制度 ———————————————— 5

第1章　連邦制度の歴史的意義 …………………………7

1　この国の成り立ち（*7*）

2　トクヴィルの連邦制度に対する見方（*9*）

Ⅱ　修正14条制定以前の裁判管轄権訴訟 ——————— *19*

第2章　連邦憲法第4条1節の制定 ………………………*21*

1　植民地時代から1790年法の制定（*21*）

2　Mills v. Duryee（*24*）

3　D'Arcy v. Ketchum（*25*）

4　Lafayette v. French（*26*）

5　判例にみる争点（*28*）

Ⅲ　修正14条制定 ———————————————— 29

第3章　制定過程と南北戦争 ………………………………*31*

1　南北戦争と連邦制（*31*）

2　制定過程と目的（*35*）

第4章　判例の動向 …………………………………………*39*

1　The Slaughter 判決（*39*）

2　Munn v. Illinois 判決（*40*）

vii

目　次

Ⅳ　Pennoyer 判決 —————————————— *43*

第5章　Pennoyer 判決のインパクト ·······················*45*

  1　判決の概要（*45*）

  2　Pennoyer 原則の成立（*50*）

第6章　Pennoyer 判決以降の判例動向 ·······················*53*

  1　Pennoyer 原則の変遷（*53*）

  2　判例の動向（*54*）

Ⅴ　International Shoe Co. v. State of Washington
##　 事件 ————————————————————— *65*

第7章　International Shoe 判決のインパクト ·················*67*

Ⅵ　International Shoe 判決以降の連邦最高裁判例 —— *73*

第8章　1950 年代の重要判例 ·······························*75*

  1　McGee v. International Life Insurance Co.（*75*）

  2　Hanson v. Denckla（*77*）

第9章　1970 年から 1980 年代の連邦最高裁判例 ··············*83*

  1　Shaffer v. Heitner（*83*）

  2　Kulko v. Superior Court（*90*）

  3　World-Wide Volkswagen Corp. v. Woodson（*92*）

  4　Burger King Corp. v. Rudzewicz（*99*）

  5　Asahi Metal Industry Co. v. Superior Court（*102*）

  6　5 原則からみた判例動向（*113*）

    (a)　Nowak v. Tak How investments 事件（*113*）

    (b)　Metropolitan Life Ins. Co. v. Robertson-Ceco. Corp.

目　次

　　　　事件（117）

　　（c）　Ruston Gas Turbines Inc v. Donaldson Inc Corchran
　　　　　Inc Third-party Defendant-Appellee（121）

　　7　連邦巡回区控訴裁判所における5原則の判例動向（124）

　　8　名誉毀損訴訟における対人管轄権（142）

　　（a）　Keeton v. Hustler Magazine Inc.（142）

　　（b）　Calder v. Jones（144）

第10章　ディスカヴァリーと裁判管轄権 ……………………147

　　1　ディスカヴァリーについて（147）

　　2　Insurance Corp. of Ireland v. Compagnie Des
　　　　Bauxites de Guinee（148）

Ⅶ　フォーラム・ノン・コンビニエンス（FNC）の
　　法理について ──────────────── 151

第11章　法理論の確立と判例 ………………………………153

　　1　法理論の確立（153）

　　2　Gulf Oil Co. v. Gilbert（156）

　　3　Piper Aircraft Co. v. Reyno（160）

　　4　航空機事故を中心とした FNC の法理の適用（166）

　　5　マスコミにおいて注目された FNC の法理の適用
　　　　の判決（171）

Ⅷ　対人管轄権訴訟の新動向 ──────────── 179

終章　最新の連邦最高裁判決動向からみえる今後の潮流 …181

　　1　Burnham 判決のもつ意味（181）

　　2　2011 年判決について（185）

ix

目　次

    (a)　J, McIntyre Machinery Ltd. v. Nicastro (*185*)

    (b)　Goodyear Dunlop Tires Operation, S. A. v. Brown (*197*)

  3　2014 年および 2015 年判決について (*201*)

    (a)　Walden v. Flore (*201*)

    (b)　Daimler AG v. Bauman (*203*)

    (c)　OBB Personenverkehr AG v. Sachs (*205*)

  4　2017 年判決について (*207*)

    (a)　一般的 (General) と特定的 (Specific) という区分について (*208*)

    (b)　Bristol-Myers Squibb Co. v. Superior Court of California (*210*)

    (c)　BNSF Railway Co. v. Tyrrell Special administrator for the estate of Tyrrell, deceased, et al. (*215*)

    (d)　両判決についての意義 (*218*)

  5　下級審における判決 (*223*)

    (a)　Ainsworth v. Moffett (*223*)

    (b)　He Nam You, et al. v. Hirohito. et al. (*225*)

  6　連邦控訴裁判所における特許に関する対人管轄権訴訟 (*227*)

  7　2011 年判決以降の連邦最高裁判決動向についての考察 (*231*)

  8　迷宮から縮小へ (*234*)

参 考 文 献 (*247*)／判 例 表 (*248*)

事 項 索 引 (*253*)

あ と が き (*254*)

アメリカ合衆国憲法における
連邦制度と裁判(対人)管轄権訴訟

序章　本書の目的——本書の構成と論点

アメリカ合衆国における裁判管轄権に関する州際間の競合問題に長年取りくんできた結果として，州の裁判管轄権の本質を理解するためには，合衆国の植民地時代にさかのぼってその歴史的背景に潜む種々の論点も考察していかなければならないことに気がついた。

最も重要な論点は，合衆国の植民地時代に確立され建国とともに連邦として発展していった，他国に類例が見られない独自の連邦制度である。

だから本論文において連邦制度について章を設けて論じることは裁判管轄権の問題を論ずるための重要な前提条件として考察した。

連邦制度の存在こそが州の裁判管轄権行使に関する紛争を必然的に引き起こしたものである。このような法的関係の下に，まず，連邦制度の構造とその歴史的意義を植民地時代から，建国，合衆国憲法の制定を経て，その変遷を論じたい。

また，トクヴィルによる連邦制度に関する見解についても，連邦制度そのものを理解するために，別に項目を設けて論じる。

主たる論点である裁判管轄権訴訟については，第一に，合衆国憲法4条1節の「十分な信頼と信用」条項に準拠した（1789年及び1790年の十分な信頼と信用に基づく判決を執行する）連邦法を適用した連邦最高裁判例について，判事らの見解の相違から分析して，当時の連邦制度と裁判管轄権の関係について論じる。

第2の論点は，裁判管轄権訴訟における根本的な基軸となる合衆国憲法修正14条であるが，まず，その制定過程について論じる。その上で，後の修正14条の解釈の基礎となったPennoyer判決が下されたことにより，Pennoyer原則として裁判管轄訴訟を解決す

3

序章　本書の目的

るための重要な判例が生み出されたことについて，その歴史的背景をふくめて論じる。

　第3の論点は，修正14条制定後，Pennoyer 原則を土台とした推定的同意論に基づく判決が下されてきたが，第2次世界大戦後の1945年に International Shoe 判決が下され，そこで構築された新たな法原則がミニマム・コンタクト理論の下に対人管轄権訴訟に集約された。

　この原則が示された後，1950年代から1980年代までに数多くの対人管轄権訴訟に関する判決が下され，これらの判例を分析することで，後に新たな要件がつけくわえられて，ミニマム・コンタクトの原則が確立された経緯を論じる。

　第4の論点は，フォーラム・ノン・コンビニエンス（不便な法廷地理論）に基づく法廷地選択の原則とミニマム・コンタクトの原則が融合した新たな対人管轄権の認定と法廷地選択のための新原則の確立である。

　最後に，本論文は，連邦制度の下で，修正14条に基づきどのように州の対人管轄権の行使が連邦最高裁の判例によって推移してきたかを述べ，それに付随する種々の法的問題，当時の社会的，経済的影響等を鑑みて，アメリカ合衆国において対人管轄権訴訟がどのような社会的影響を及ぼしたかについて，私の見解をまとめて結論としたい。

I

連 邦 制 度

第1章　連邦制度の歴史的意義

1　この国の成り立ち

　連邦制度の議論を進めるにあたって，この国の成り立ちから議論していくことについては，アメリカ史の研究ではないからそこまでの必然性はないと思われるかもしれない。しかし，やはりアメリカの植民地時代から述べていくことが，事柄の本質を理解するために重要であると思われる。

　1607 年にヴァージニアから始まった入植は，1620 年のメイフラワー号に乗組んだ清教徒の移民達から本格化した。建国の礎となるメイフラワー誓約[1]に基づき，彼らはマサチューセッツのプリマスで本格的な植民地開拓を推し進めていった。

　イギリスの統治下の 150 年間，アングロ・サクソン系の移民はマサチューセッツを中心として開拓を拡げていったが，他のヨーロッパ系移民達も以南の大西洋岸を中心に植民地開拓を進めていった。そのために，それぞれ異なった気候と風土のもとに各々の宗主国の文化的背景をもった，各植民地が独立色の強い植民地連合を形成していった。

　英国からの移民の増大とともに，各植民地は英国の統治下で発展していったが，各植民地それぞれに独立性が高く植民地相互の連携はあまり強くなかった。

---

[1]　小滝敏之『米国自治史論Ⅰ』（公人社，2011 年）437-438 頁。
　　メイフラワー号の男性の乗組員達に基づきなされた誓約であり，アメリカの最初の憲法として位置づけられる。神の下に公正で平等な法，条例，憲法の下に役職をつくり，それらに対して服従と従順を約束するとして，署名者はそれらに対して義務を課せられる。

I　連邦制度

　商取引も宗主国である英国との取引が主体であり，各植民地間の
取引もそれほど活発ではなかったため，英国の植民地であるという
共通性以外，統一性をみいだせなかった。

　このような状況を一変させたのが英国による植民地への課税強化
である。

　これは本国の重商主義への一層の傾斜とともに七年戦争にとも
なう財政危機が大きな要因となっていた。その象徴的事件がボスト
ン・ティー・パーティー事件[2]であり，植民地が連合して独立戦争
へと火ぶたを切ったのである。

　独立戦争のために結束した13の邦によって連合規約[3]が制定さ
れた。

　しかし，連合規約のもとでは，各邦の主権が極めて強い状態に
あったため，統一国家として機能しえないことからも，その機能を
高めるために憲法の制定がもとめられ，1789年の合衆国憲法の制
定によりアメリカ合衆国が正式に誕生した。

　合衆国憲法の制定は，主として統治に関する条項の制定であり，
とりあえず独立国家として機能させることを優先させ，各邦をとり
まとめることが重要であった。そのため，権利章典条項の導入が遅
れ，1791年になって，修正1条から11条までの人権に関する重要
条項が追加された。その中の修正10条[4]が州の権限を大幅に認め

(2)　1773年にボストン港で起きた茶積船の襲撃事件で，茶に対する英国政府に
　　よる印紙税の引き上げに対する不満が爆発した。
(3)　独立後の翌年から1781年にかけて制定された暫定的憲法（Articles of
　　Confederation）。
　　　第2条において「各邦は，その主権，自由および独立を保持し，この規約
　　の明文によって連合に付与されている権限を除き全ての権限を保持する」と
　　規定する。この規約は連合にほとんど権限を付与していないことから，国家
　　としての統一性は極めて限定されていた。
(4)　創設的規定であり，連邦政府の権力行使に対する実質的制限である。修正
　　10条は「本憲法によって合衆国に委任されず，また州に対して禁止されなか

8

たことにより，それが憲法上も連邦制度において州の機能を維持するための根拠条文となった。

そもそも前述したように，本質的に独立志向の強い植民地であった各邦が州となっても各州の権限を維持するためにこの条項を設けたことは当然であり，そのため権利章典条項の追加修正とともに挿入された。

この条項の下に州の権限は強化され，各州のパブリック・ポリシーは州の権限の下におかれたことにより，各州は独自に機能することができるようになり，そのようなアメリカ合衆国の連邦制度が確立された。特に州に司法権的機能をもたせたことは，州の自主性と自律性を高めることで，他の連邦制度にない権能を週に与え，州の自治権を担保した。

フランスの思想家であるトクヴィルはその著作『アメリカのデモクラシー』の中で，アメリカを民主主義の実験国として考察し，連邦制度を権力の分散と個人の権利を保障する独自の制度として高く評価している。この見解は 150 年以上経た現在でも陳腐化してはいない。

次の章においてトクヴィルの連邦制度に関する見解について述べていきたい。

2 トクヴィルの連邦制度に対する見方

2006 年に出版された松本礼二氏の翻訳による『アメリカのデモクラシー』は本邦初の本格的な翻訳である。その内容は，読みやすく註も充実しており，長い年月をかけて訳した大変な名著である。それ故に，この著作に基づき，連邦制度についてのトクヴィルの見解を確認したい[5]。

　た権限は，それぞれの州または人民に留保される」と規定。

(5) アレクシ・ド・トクヴィル著，松本礼二訳『アメリカのデモクラシー第 1 巻

I 連邦制度

　トクヴィルの連邦制度に関する記述は同書第1巻の上下巻におい
て，まさにデモクラシーの根幹としてこの連邦制度を評価している。
この制度については，ほぼ全編において述べられているが，特に上
巻の第一部第8章および第二部10章において多くの見解が述べら
れている[6]。

　ニューイングランドの移民たちは教養も高く，規律意識の強い
ピューリタンであり，英国在住時にも強い自治意識をもってタウン
を形成し生活していた。この思想は古くはゲルマン淵源説等にもみ
られるようにアングロ・サクソン系の人々の中に代々受け継げられ
たものである。

　このような思想の下に移民達は原住民であったネイティブ・アメ
リカンの部族組織の連合部族の形態を取り入れたとも言われている。
ネイティブ・アメリカンは文字をもたず，口述筆記に基づく伝承と
しての記録しかないことから，この説に異議を唱える者もある。し
かし建国の父の1人であるフランクリンは事実，オルバニー連合案
を起草するにあたってイロコイ族の部族連合体を参考にしたと認め
ている[7]。

　このようにアメリカ独自の連邦制度はイングランドの古代の自治
思想とネイティブ・アメリカン部族連合組織のひとつの融合体とし
て生じてきたものとも考えられている[8]。

　この事実は，合衆国憲法制定から200年後の1988年に，合衆国
第100連邦議会において，民主党のダニエル・イノウエ[9]上院議員

　　上下巻』（岩波文庫，2005年）。
[6]　小滝敏之・前掲書77，78，457頁古代ゲルマン民族の自治部族社会の伝統
　　を継承している。これらには独自説，折衷的発展説等の諸説がある。
[7]　小滝敏之・前掲書141頁。
[8]　小滝敏之・前掲書47-49頁。
[9]　ダニエル・ケン・"ダン"・イノウエ（Daniel Ken "Dan" Inouye，1924年
　　9月7日-2012年12月17日）は，アメリカ合衆国の政治家。元アメリカ陸

第1章　連邦制度の歴史的意義

を中心とした超党派議員達によって「ジョージ・ワシントンとベンジャミン・フランクリンに代表される憲法制定者たちが，イロコイ6連邦の諸理念，諸原理，および統治実践を大いに称賛したと知られていることに鑑み，当初の13の植民地が一つの共和制へと連合するにあたり，イロコイ連邦をはっきりと模範にし，同連邦におけるその他の民主原理を合衆国憲法そのものにも取り入れたことに鑑み，（中略）上院は（下院と共同で）以下決議する」として「連邦議会は（中略）彼らの開明的かつ民主的な統治原理と，独立したネイティブ・アメリカン諸邦による自由な連合の模範から受けた歴史的意義を認めるのである。（後略）」という決議がなされたことからも示されている[10]。

　一方，トクヴィルはネイティブ・アメリカンに関する多くの記述を残しているが，連邦制度についてはネイティブ・アメリカンの組織形態を参考にしたという記述はみられない[11]。

　すなわちトクヴィルは，移民達はタウンとしての自治体を構成し，それが郡（カウンティー）となり，カウンティーの集まりが邦となったものであるとして，それは，移民達のつよい自治意識から誕生した独自性の強いものであり，それゆえに，このような連邦国家はアングロ・サクソン系の人々によって生み出された制度であり，また，これらの人々の集まった国家ゆえに機能している，と述べている[12]。

　　軍将校，上院議員，上院仮議長。日本名は井上　建（いのうえ　けん）。少数民族保護立法に尽力した。
[10]　「合衆国憲法成立に対するイロコイ連邦の貢献を認め，憲法で定められたインディアン諸部族と合衆国との政府間関係を追認する両議院共同決議案76号」ドナルド・A・グリンデJR／ブルース・E・ジョハンセン（星川淳訳）『アメリカ建国とイロコイ民主制』（みすず書房，2006年）369頁。
[11]　アレクシ・ド・トクヴィル著，松本礼二訳・前掲書下巻273-296頁において，当時のネイティブアメリカンに対する悲惨な状況について詳細に述べているが，彼らの文化がアメリカ合衆国の制度について何らかの影響を与えたかについては述べていない。

I　連 邦 制 度

だから，トクヴィルはスイスのような例をあげて次のように説明
している。

「人間には思想と感情がある。連邦制度が長く存続するには，
これを構成する諸国の民が同じ要求を感ずるだけでなく，文明に
同質性があることもまたそれに劣らず必要である。ヴォー州の文
明とユリ州の文明とではほとんど19世紀から15世紀に返るほど
の違いがある。だからこそ，本当のところ，スイスはいまだかつ
て連邦制をもったことがないのである。スイスのさまざまなカン
トンの連合は地図の上にしか存在しない。中央当局が同一の法律
をスイス全域に適用しようとすれば，この点はたちまち分かるで
あろう。」⒀

一方，アメリカの連邦政府は強力な政治権力と文明の同質性を保
持している。

またその強力な政治権力は，連邦政府が法律を定めるだけでなく，
これを自ら執行できることである。

重要な事実は，連邦が統治するのは州でなく一般市民であり，税
の徴収権も直接一般市民に向けられている⒁。そのことからもアメ
リカの連邦制は直接個人にむかいあっている。

このようなアメリカ独自の連邦制についてトクヴィルは次のよう
に述べている。

「昔の連邦制では，連邦に認められた権限は力の原因というよ
り戦争の原因であった。というのも，これらの権限は連邦の側の
要求を増大させながら，これに対して諸邦を従わせる手段は増や
さなかったからである。したがってほとんどいつも，まさに連邦

⑿　アレクシ・ド・トクヴィル著，松本礼二訳・前掲書上巻269-270頁。
⒀　アレクシ・ド・トクヴィル著，松本礼二訳・前掲書上巻273頁。
⒁　アレクシ・ド・トクヴィル著，松本礼二訳・前掲書上巻254-255頁。

第 1 章　連邦制度の歴史的意義

政府の名目的権力増大ゆえに，その実質的な力はかえって弱まるのであった。」[15]

　だがアメリカでは，「加盟した諸邦は独立に至る前，長期にわたり同じ帝国の一部であった。各邦がまったく独自に統治する習慣にはまだ染まっておらず，地域的偏見も深い根を張ってはいなかった。知識は世界の他の部分に比べて開け，各邦の間に差はなかった。連邦権力の拡大に対して加盟国の人民が通常もつ反感も少ししかなく，しかもそのような感情に対してはこのうえなく偉大な市民達が闘った。アメリカ人は弊害を感じとると同時に，断乎として統治策を求めた。法律を改め，国を救ったのである。」[16]

　このようにトクヴィルはアメリカの連邦制がいかに他の連邦制と異なるかを述べるとともに次に合衆国市民 1 人 1 人の自意識の高さがこの連邦制のもうひとつの柱であるとして次のように述べている。

　「精神と習俗がアメリカ人を大きな共和国を繁栄せしめるのにふさわしい住民にしているとすれば，他方で，連邦制度はこの課題の困難を著しく減らしている。アメリカのすべての州が合同した連邦は，多くの人口集積地につきものの問題点を示していない。連邦は広さの点では一大共和国である。だが連邦政府が関与する問題は僅かだから，これを小さな共和国のように見ることもできよう。連邦政府の行為は重大だが，行動するは稀である。連邦の主権には限界があり，不完全であるから，その行使は自由にとって危険ではない。まして，大きな共和国にとって有害極まりない権力と名声への飽くなき欲望をかきたてることもない。すべての物事が必然的にある共通の中心に集まるわけではないから，巨大な大都会も莫大な富もそこには見られず，深刻な貧困も不意の革

─────────
⒂　アレクシ・ド・トクヴィル著，松本礼二訳・前掲書上巻 255 頁。
⒃　アレクシ・ド・トクヴィル著，松本礼二訳・前掲書上巻 256-257 頁。

I　連邦制度

命も生じない。政治的情念が火の手のように国の全域に一挙に広がることはなく，各州個別の利害や情念の抵抗にあって砕ける。（中略）連邦は小国のように自由で幸福であり，大国のように輝かしく力強い」

また，トクヴィルは連邦制度を維持するためには法による統制にではなく，文明の同質性がより重要であると次のように述べている[17]。

「合衆国には，連邦政府の存在を驚くほど容易にする事実がある。さまざまな州がほとんど同じ利害，起源，言語を有するだけでなく，同じ程度の文明の段階にあることである。このことがほとんどいつも州の間の一致を容易にする。ヨーロッパのどんな小さな国でも，国内のさまざまな地域の様子がアメリカのように同質的なところがあるか疑わしいと思はれる。アメリカはヨーロッパの半分の広さがあるにもかかわらずある。メイン州からジョージア州までは400里ある。しかるに，メインとジョージアの文明はノルマンディーとブルターニュの文明ほども違わない。だから広大な版図の両端にあるメインとジョージアの方が，小さな川で隔たれているにすぎないノルマンディーとブルターニュよりも実質上容易に連邦を形成しうるのである。人民の習俗，習慣がアメリカの立法者に提供したこれらの好条件に加えて，国の地理的位置に由来する条件がさらにあった。連邦制度の採用と維持は主としてこの最後の条件に帰さねばならない。」[18]

このようにトクヴィルのアメリカ連邦制度についての分析は精緻であり，現在においても，その基本的観点においてまったく遜色な

---

(17)　アレクシ・ド・トクヴィル著，松本礼二訳・前掲書上巻 264-265 頁。
(18)　アレクシ・ド・トクヴィル著，松本礼二訳・前掲書上巻 273-274 頁。

いものである。

　特に連邦制度がアングロ・サクソン系の人々によって確立された
ことが，その制度の継続に大きく影響しているとした指摘は同じよ
うな制度を導入したメキシコと比較してみれば十分に理解できる。

　トクヴィルの憲法観と連邦制度論は，デモクラシーとは何かとい
う政治論に基づく分析とその歴史的展開を中心として述べられてい
る。

　そこでは州際間と州と連邦の法的関係を調整する憲法4条1項の
「十分な信頼と信用」条項，州際間の取引を規制する第8条1項の
州際通商条項については多少とも述べられているが，あくまでもア
メリカ民主主義の成り立ちとしての連邦制度について述べているの
であって，憲法に関する著作でも教科書でもない⑲。アメリカとい
う初の共和制国家と二重主権をもつ本格的な連邦国家がどのように
機能しているかについての実体験を述べているものである。

　トクヴィルは弁護士ではあるが，単に，アメリカ合衆国の憲法解
釈を述べるのでなく，民主主義的機能を中心に述べているが，連邦
制度についても民主主義の根幹として的確に分析している。

　特に，連邦裁判所については連邦憲法3条2節1項の条文を示し
て連邦と州との関係を調製する重要な役割を果たしていると指摘し
ている。また，州籍相違に基づく異なる州民間の訴訟おいて連邦裁
判所が管轄権をもつことは公平かつ自然的な機能であるとして評価
している。

　一方において，修正11条により，州民が他州政府を連邦裁判所

---

⑲　トクヴィルは「アメリカのデモクラシー」の中で多くの憲法に関する著作
　を参考にしている。

　James Kent, Commentavies on American Law, 4 Vols（New York: O.
　Halsted, 1826-1830.

　Joesph Story, Commetavies on the Constituntion of the United State, 3 Vols
　Bostor, 1833.

15

Ⅰ　連邦制度

に訴えることを禁止したことは連邦主権の州権への介入を抑えることになり連邦制の維持の機能の役割を果たしているとしている。

トクヴィルは同書の中で次のように述べている。

　「連邦裁判所の創設は，州の法廷が国家利益に関わる係争を各州ばらばらに解決することを妨げ，連邦の法律を解釈するための統一的司法組織の形成をめざしたのである。

　個々の州の法廷が連邦訴訟についての裁決を慎んだとしても，もし連邦にかかわらぬという主張のもとにこれを裁きえたとするならば，この目的は達成されなかったであろう。」[20]

これによって，連邦最高裁は裁判権に関する全ての決定権を有しているが現実の権限は州に有しいることからも連邦裁判所は州に対しての権限行使は控え目である。

したがって，連邦裁判所の裁判権は，連邦の主権自体の縮小あるいは拡大に応じて広がりもすれば縮まりもする[21]。

ゆえに，連邦国家ほど司法権を強力に組織する必要性が高い国はないからである[22]。

すなわち，州の独立自治権の強い連邦制度の下において，州の裁判管轄権に関する問題も独自の発展を遂げていくようになり，裁判管轄権の競合に関する訴訟上の争点も連邦憲法上の重要な問題として時代とともに変わってきた。

なぜならば，連邦国家の構成員としての州に立法，司法，行政の三権を付与したことは，単なる地方自治ではないことを明確にしている。

特に州に司法権をもたせたことが州の自律性を高めていることは，

---

[20]　アレクシ・ド・トクヴィル著，松本礼二訳・前掲書上巻231頁。

[21]　アレクシ・ド・トクヴィル著，松本礼二訳・前掲書上巻236頁。

[22]　アレクシ・ド・トクヴィル著，松本礼二訳・前掲書上巻245頁。

第1章　連邦制度の歴史的意義

中世イングランド以来，地方政府レベルにおいて裁判が行われてきた伝統に由来するものである[23]。

　Gordon L. Clark 教授によると「司法制度は，アメリカ地方自治の主要解釈者となっているが，このような事態は大半の諸国には見られない。したがってアメリカの地方自治を理解しようとするためには，アメリカ社会における裁判所の役割を考慮する機会を持つ必要がある」と述べている[24]。

　連邦制度と裁判管轄権は併存した関係であり，他州への裁判管轄権の行使という法的関係はこのような独立した地方自治機能を持つ連邦制度から必然的に生じたものである[25]。

　なお，アメリカの連邦制度については，政治社会学者であるElazer が構造的な分析をおこなっているが，対人管轄権に関する争点については直接的な言及はない[26]。

---

[23]　小滝敏之『アメリカの地方自治』55 頁（第一法規㈱）。

[24]　小滝敏之・前掲書 115 頁（第一法規㈱）。

[25]　GORDON L. CLARK, JUDGES AND THE CITIES: INTERPRETING LOCAL AUTONOMY（1985）.

[26]　Daniel J. Elazer, American Federalism: a View From Thestate, 1984.

II

修正 14 条制定以前の
裁判管轄権訴訟

第2章　連邦憲法第4条1節の制定

1　植民地時代から1790年法の制定

　植民地時代における各邦は，植民地とはいえ，いわば独立国家に近い状態にあり，13の邦として英国のもとに，課税権は強行されず，インド等の植民地とは比較にならない程のゆるやかな統治下にあった。

　当時の人口は，独立直前には，300万程度と推定され，南北に長い広大な領域で，人口密度は低く，各邦における通商は交通手段が未発達で限られていた。

　当時の状況を歴史的に分析してみると，イギリスとの対立が起こる前は，アメリカ人は課税，役所，軍隊，外交とかかわりなく暮らし，ギルドのような中世経済の遺物がなく，銀行，貿易会社といった欧州諸国のような発達した資本主義もないかわりに，巨富も極貧もなかった。ロンドン，パリのような大都市も道路網もなかった。人種的，宗教的，言語的，そして政治的にも共通の遺産を持たない新興国であり，東西南北どちらを向いてもモデルのない国として始まったという[1]。

　このよう経済環境おいて，邦間の取引活動はあまり活発ではなかった，邦の主たる取引先は宗主国であるイギリスだった。また各邦は独立国家に近い状態ゆえに各邦間の取引についても，イギリスと同様な国際取引であった。

　ある邦と他の邦との聞で取引がおこなわれ，争いが生じ，判決

---

[1]　パーマほか（大下尚一）『アメリカ史の新視点上巻』（南雲堂，1976年）112頁。

II　修正14条制定以前の裁判管轄権訴訟

が下されても，ある邦の判決を他の邦において執行することはできなかった。そのため債権者が，債務者を被告として訴えるためには，債務者の居住地である邦において提起しなければならなかった。

　また隣接する邦に居住する人との取引は，債権を回収するため，何らかの担保を自らが居住する邦に確保しておかないと，債務者が他の邦に逃亡してしまった場合には回収が困難になった。このような事態は，各邦の間でなされる通商を妨げていた。

　18世紀の後半，独立直前期を迎えると，隣接する邦間においての取引もかなり活発になってきたが，他邦への判決の執行は事実上不可能なままであり，このため各邦間における判決の執行を容易にする必要があった。

　この問題を解決するためにマディソンは，連邦憲法の原典ともいえる『ザ・フェデラリスト』42篇[2]で，十分な信頼と信用の条項の必要性について述べている。その後，この条項は連合規約第四項となり，最終的に連邦憲法第4条1節となった。

　「十分な信頼と信用条項（Full Faith and Crdit）」は，自州は他州の判決に対して承認を与えるものであり，連邦制を維持しつつ，一つの国家として機能するための重要な条項である。

　この条項の下に，各州における判決等の公的文書に他州において法的確証を付与するための十分な信頼と信用を与えるための連邦法（the act of 26 may 1790）[3]を制定し，他州の判決を執行しやすくして

————————————

(2)　A. ハミルトン／J. ジェイ／J. マデソン著，斎藤真他訳『ザ. フェデラリスト』第42章（福村出版，1998年）290頁。マデソンは「十分の信頼と信用」条項について，隣接する州において判決の執行を便利にする目的で創設されたものであるとしている。植民地時代は各コロニーが独立した邦であったため，判決を執行する州において，その訴訟の本案について再度訴訟を提起され再審理された。このように邦間における判決の執行の困難さが「十分の信頼と信用」条項を生み，判決の執行を容易にした。

(3)　現在のU. S. C §1738。

第2章　連邦憲法第4条1節の制定

州際間の取引に法的安定性を与えた。

　しかし，裁判管轄権の取得の有無についての判決の効力に関して，この制定法には何らの規定もなかったことから従来のコモン・ローの下で，裁判管轄権なき判決は無効であるという原則が確立していた。

　そこで，19世紀初頭の連邦最高裁のJoseph Story判事[4]の判決および彼の著作によれば，伝統的なコモン・ローの下において，「州裁判所は，非居住者がその州内に存在するかぎり，その者に対して裁判管轄権を行使できる。」として，その者に対して適切に州の境界線内で訴状を直接送達することによって，その者が州外に出て行ってしまった場合においても，その者に対して他州においてもその判決の執行を求めることができるとした。

　この原則に基づけば，州外にいる当事者に対しては，公示送達，郵便送達だけでは，裁判管轄権は当然認められなかった。

　しかし各州法によれば，公示送達あるいは郵便等の手段によって当事者への送達が認められることもあった。ただ，当時の郵便事情からみると，相手方へ到達しているかどうかは不確実であった。

　郵便事情によって送達されず，被告人不在のままに判決が下され，事実上その判決が，十分な信頼と信用条項のもとに，執行力を持つ結果，たとえ前述のコモン・ローの原則に反するとして裁判管轄権を争ったとしても，その異議申し立て（副次的攻撃）が認められるか認められないかの基準は明らかではなかった。

　連邦最高裁は，act of 26 may 1790の下に，裁判管轄権に関して以下の判決を下している。

──────────
[4]　Joseph Story（1779～1845）連邦最高裁判事を34年間つとめ，連邦権限を拡大する判決に大きく関与した。著書に『Conflict of Laws』（1834年）において，裁判管轄権に関する説を述べている。

23

Ⅱ 修正 14 条制定以前の裁判管轄権訴訟

2 Mills v. Duryee[5]

原告 Mills は，ニューヨーク州において，被告 Duryee に対して訴状を直接送達し，債務の返還を求める訴訟をニューヨーク州の裁判所に起こして確定判決を得た。しかし同州ではコロンビア特別区に居住する被告に対してその債務名義を執行できないため，コロンビア特別区連邦地方裁判所に，判決の執行を求める訴訟を改めて提起した。

これに対して被告側は，債務不存在を証明する文書があるとして同連邦地裁において，この債務について争うため新たな訴を提起して抗弁したが，認められなかった。そこで連邦最高裁に誤審令状に基づき上告した。

Story 判事らによる多数意見は「ニューヨーク州判決は，原告が Duryee に対して適法な訴状の送達を行っており，裁判管轄権は存在している。判決確定後においてこのような債務不存在を証明する文書を理由に訴えを提起することは，連邦憲法第 4 条 1 節の十分な信頼と信用条項に基づく連邦法である act of 26 may 1790 により認められないと判断した。このように多数意見は，Duryee の上告を棄却してニューヨーク州判決を確認した。

これに対して，Johnson 判事[6]は，次のような反対意見を述べている。「州の裁判管轄権は独立したものであり，ニューヨーク州の判決はコロンビア特別区における新証拠に基づく訴えの提起を遮断する効力は持たない。同地区における債務不存在に基く抗弁は当然審理されなければならない。」

---

(5)　11 U. S. 481（Crunch）1813.

(6)　William Johnson（1771 ～ 1834）連邦最高裁判事を 30 年間務めた。連邦権限の拡大について消極的な立場をとり，伝統的な州権保護論者とみなされていた。

第2章　連邦憲法第4条1節の制定

　また，同判事は，一つの国家として機能を保障する十分な信頼と信用条項を優先するよりも，異なった裁判管轄権の下においては，新たにその被告に対して訴状の送達を行うべきであるという，州の主権を尊重するという考え方に基づき，連邦制度の下での判決の執行についてより慎重に審議するべきであるとした。

3　D'Arcy v. Ketchum[7]

　この事件は，（人に対する）裁判管轄権について（当時はとくにPersonal Jurisdiction（対人管轄権）とは言わなかった）被告への送達に関して，より明確な判断を示したものである。

　Ketechumらは，為替手形債務の不履行を理由に，ゴシップ社の代表GoshipおよびパートナーのD'Arcyらに対して損害賠償請求をニューヨーク州裁判所に提起し，同裁判所において請求が認められ，判決は確定した。この判決に基づき，ルイジアナ州連邦地方裁判所に対して，同州在住のD'Arcyに対してその執行判決を求める訴えを提起し勝訴した。

　D'Arcyは，Goshipとは共同経営者であり，共同債務者であるが，ゴシップに対する訴状の送達はなされたが，ルイジアナ州に住む当人に対しては，送達がなされていなかった。このため，このような欠席判決は，裁判管轄権が欠知しているとして，執行判決の無効を申し立てた。しかし同裁判所はKetechumらの請求を認めたため，D'Arcyらは連邦最高裁に誤審令状に基づき上訴した。

　連邦最高裁のCatron判事は「国際法上の原則からしても，訴状の直接送達もしくは自発的な出頭がなければ，裁判管轄権は存在しておらず，判決を執行することは出来ない」と判断し，ルイジアナ州連邦地裁判決を破棄差し戻した。

---

(7)　52 U. S. 165（How）1850.

Ⅱ 修正14条制定以前の裁判管轄権訴訟

　この事件では，Mills 事件とは異なり，ニューヨーク州判決は確定したにもかかわらず，連邦最高裁は判決の執行を認めなかったわけである。

Catron 判事の法廷意見

　ルイジアナ州において，ニューヨーク州判決については十分な信頼と信用に基づく Act of 26 may 1790 を適用せずコモン・ローの原則により D'Arcy に対する裁判管轄権を否定したにとどまった。

　Mills 事件では，訴状が適切に送達されているのに対し，この事件では，被告に送達されないままに他州で判決が確定したのである。このような事実関係を考慮すると，送達がないのに判決の確定と執行を肯定するのは，コモン・ローの原則に反すると判断したからであろう。だから，act of 26 may 1790 について連邦憲法上における判断を示す必要はなかった。

4　Lafayette v. French[8]

事実の概要

　インディアナ州の Lafayette に本社を置く，Lafayette 保険会社はオハイオ州の Cincinnati に代理人事務所を置き，保険会社としての営業活動をし，オハイオ州民の French との間に保険契約を締結していた。

　その後，French の所有する物件が被災したため，同社に保険金支払請求訴訟を起こし，代理人に対して訴状を送達したが，被告である代理人は出廷せず，欠席のまま判決が確定した。

　その後，保険金の支払請求を認めた判決を執行するために，インディアナ州において，同州の連邦地裁に判決の執行を求めて提訴し

---

(8)　59 U. S. 404（How）1855.

た。

被告である保険会社は，訴状が本社に送達されていないことを理由に裁判管轄権が不存在であるとして，この執行判決を争ったが，敗訴したため，連邦最高裁に誤審令状に基づき裁量的上告をおこなった。

Curtis 判事の法廷意見

同判事は以下の理由の下に上告人保険会社の上告を棄却し，インディアナ州連邦地裁の執行判決を確認した。

オハイオ州法は同州の市民が州外の保険会社と締結した保険契約に基づいた保険金支払請求訴訟についての州外の保険会社が指定したオハイオ州の代理人への訴状の送達は，州外の本社への送達と同一の効力をもつと規定している。

同保険会社のオハイオ州の代理人事務所は，この規定に服することを条件に許可されており，オハイオ州における判決はインディアナ州においても同一の効力があるものとみなされるため，判決を執行するためのインディアナ州連邦地裁の執行判決は当然 the act of 26 may 1790 年法に基づき十分な信頼と信用が与えられる。

オハイオ州法が同州において営業する州外の会社にこのような条件の同意を義務づけることは，弁護の機会なしに有罪の宣告を禁止するような自然法的正義の原則およびその他の原則に抵触するが，各々の州の主権に基づく裁判管轄権を保障する一般法の原則に一致し，また合衆国憲法に抵触することもない。

ゆえに，この法は合憲であり，上告人のインディアナ州法人のオハイオ州における裁判管轄権の不存在の主張は認められないとした。

Ⅱ　修正 14 条制定以前の裁判管轄権訴訟

5　判例にみる争点

　これらの事例はいずれも州籍相違に基づき，連邦裁判所に提訴された
ものであることから，判決の執行には連邦法である act of 26
may 1790 が適用されている。

　つまり，修正 14 条制定以前は，他州民に対する他州での判決の
執行は連邦裁判所の判決でないと事実上，困難であった。

　すなわち，手続法上，他州民への訴訟となる場合は，必然的に州
籍相違が成立し，連邦裁判所への訴えが可能になることからも原告
側としては当然，判決の執行を考えれば連邦裁判所に訴訟を提起す
ることが選択できる。

　他方，実体法は Swift v. Tyson 判決[9]の原則に基づいて連邦法上
のコモン・ローを適用できることから，州裁判所と連邦裁判所と
の間において当事者にとって有利な法を選択できるように Forum
Shopping が生じていた。

---

(9)　41 U. S. 16 Pet. 1 1（1842）1938 年以前，連邦裁判所が適用する実質法は，
　　裁判規範法（Rules of Decision Act）と連邦最高裁による同法の基本解釈に
　　よって決定されていた。同法の規定によれば，「合衆国憲法，条約または連邦
　　制定法に別段の定めがある場合を除き，諸州の法は，それらが適用される事
　　件において，合衆国裁判所のコモンローによる事実審理における裁判規範と
　　みなされるものとする。『アメリカ抵触法（下）』245 頁 2013 年 Lexis Nexis
　　参照」。

III
修正14条制定

第3章　制定過程と南北戦争

1　南北戦争と連邦制

　連邦政府と州政府の関係について，アメリカ独自の連邦制度を絶賛したトクヴィルは，『アメリカのデモクラシー』の中で，一変して，連邦制度を維持する為の連邦と州の緊張関係について次のように当時の状況を述べている。

　「1789年憲法をつくった立法者たちは，連邦政府に独自の存在と圧倒的な力を与えることに努めた。しかし現状は，優越的な力は連邦よりも諸州にあり，連邦は国民の独立と栄光を保障するが，これらは直接には市民に関係するものではない。これに対し，州は自由を維持し，権利を定め，財産を保護し，生命を保障するなど市民1人1人の将来を全て保障している。すなわち州は市民生活の中心にあり，連邦は諸州を結合し，外国に対するための組織体として存在する。この制度は，州の自由意志により結成されていることから，」「連邦結成に際して，各州は国家としての独自性失ったわけではなく，合体して単一の国民になったわけでもない。その同じ州の一つが今日契約から撤退すると望んだなら，これに対してその不可能性を証明するのは相当に難しいであろう。連邦政府はこれと戦うのに，明確な形では力も法も頼りにしえないであろう。」「だから次のことは確かだと思われる。すなわち，もし連邦の一部が，本気で他の部分から分かれようと望めば，これを妨げることはできず，妨げようと試みるものさえないであろう。だから現在の連邦は，これを構成する諸州がその部分であろうと欲する限りにおいてのみ存続するであろう。」「すなわち連邦政府は州政府と論争するたびに前者はほと

31

Ⅲ　修正14条制定

んどの場合後退を強いられ，連邦憲法の文言の解釈が争われると，たいていの場合，解釈は連邦の意に反し，州に有利である。また市民感情として，連邦制度を維持することについては，維持した方が良いと考える合理的判断ではなく感情的というか本能的合意いわば無意識の合意にすぎない」[1]として，市民の連邦政府の存在に対する意識の脆弱さを指摘している。

　結論としてトクヴィルは「連邦政府は年を経るとともにその主権を弱め，州の主権を脅かすどころではなく，存在意義さえ危機に瀕してくるのではないか」[2]と述べている。

　トクヴィルはわずか1年弱の滞米で，正確に南北戦争以前のアメリカの連邦制度についてその統一を維持するための必然性を述べている反面その脆弱性について極めて強い危機感を示している。

　トクヴィルが指摘したように，連邦政府の権限は州に対して遠慮がちであり，連邦憲法1条8節3項の州際通商条項の定める範囲内で各州の行為を規制することができたにすぎない。

　しかも本条項の解釈すなわち連邦議会の権限と各州の法の適用の争いについては，連邦裁判所の判断は分かれており，判例法の確立までには至っていなかった。とくに奴隷制度は，州の public policy（公の政策）に関する範疇であって連邦政府は介入できなかった。

　ところでアメリカにおける奴隷制度の起源は，古く植民地としての開拓が始まったはば同時期から存在した。当時，奴隷の人数は限られ，いずれかの時期には廃止されるものと一般に考えられていた。

　しかし実際には南部地域の綿花栽培の発展とともにその人数は増え，奴隷に対する産業の依存度を高めていった。これに対して北部は交易と製造業を中心として発展し，南部と反対に奴隷制の廃止を促進させていった。

---

(1)　アレクシ・ド・トクヴィル著，松本礼二訳・前掲書下巻289，346，348頁。
(2)　アレクシ・ド・トクヴィル著，松本礼二訳・前掲書下巻386頁。

第3章　制定過程と南北戦争

このような産業構造の相違が地域的対立を生み，それと同じ対立軸で奴隷制維持と奴隷解放の対立を招いた。1820年，妥協策としてミズーリ協定(3)が成立し，自由州と奴隷州に二分された。この協定を契機にアメリカは一国二制度となり，いったんは微妙な安定を保っていたにもかかわらず，奴隷制をめぐる対立は次第に強まることがあっても弱まることはなかった。

奴隷制度についてトクヴィルは，「これ（奴隷制度）に依存する南部住民の産業構造は活力が低下している反面，奴隷に依存しない北部住民の産業構造は極めて活発である。このような現状は，北部住民と南部住民との間で著しく住民の性向，習俗を異ならせており，アメリカの連邦制度の存立を今ただちには脅かすものではないが，危惧感を持っている」(4)と述べている。

このような一国二制度の微妙な安定を破ったのがDred Scott判決(5)とカンサス・ネブラスカ法案(6)に関する事件である。前者は連邦最高裁がミズーリ協定を違憲とした判決である。

後者は，新しく連邦に加盟するカンサス・ネブラスカ両州はミズーリ州から分離したもので，両州を自由州とするか奴隷州とするかいずれに帰属するかをめぐって大論争が起きた事件である。州民投票によって選択するという法案の審議をめぐり民主党が北部と南部に分裂する原因となった。

---

(3)　ミズーリ互譲法とも呼ばれる。1820年に連邦議会が制定。奴隷制を認めるミズーリ州と認めないメイン州の連邦への加入を認めた。また北緯36度以北は自由州，以南は奴隷州とすることで一致した。

(4)　アレクシ・ド・トクヴィル著，松本礼二訳・前掲書下巻356頁。

(5)　309. 15 Led 691（1857）60 U. S（09 How）.
　　　自由州に入った奴隷が再び奴隷州に戻ってきたら，自由人にはなれない。もし，その奴隷が自由人であると認めると奴隷という財産を適正手続なしに奪うことになり，修正5条違反となる。また奴隷州と自由州とを分離したミズーリ互譲法は，5条違反により違憲であるとした。

(6)　1854年5月30日成立の連邦法。この法により南北の亀裂が深まった。

33

Ⅲ　修正14条制定

　これらの事件と前後して，カリフォルニア州が自由州となるなど，連邦全体のなかで自由州の占める割合が多くなり，連邦内の南部諸州すなわち奴隷州は危機意識を持ち始めた。もはや北部と南部との間で話し合いによる解決は不可能な段階に至った。

　1860年，奴隷制度に批判的なリンカーンが大統領選に勝利したことをきっかけに，南部諸州は連邦からの離脱を宣言した。連邦政府は，当初話し合いと静観の姿勢をとったにもかかわらず，離脱した7州はアメリカ連合国の建国を宣言し，サウスカロライナ州にある連邦軍のサムター要塞を先制攻撃することで内乱いわゆる南北戦争が勃発した。

　この内乱は，奴隷制度の問題が主な原因であるが，連邦と州もしくは州と州との間の建国以来のさまざまな権力闘争の結果でもある。アメリカ合衆国は独立当時から必然的に起こらざるをえないこのような危険因子をかかえていたのである[7][8]。

　トクヴィルは前述の著書で，さらに「奴隷制度の崩壊には大きな災厄を覚悟しなければならない」[9]と，黒人による大規模な内乱が起きることを予測した。結果としては連邦の分裂による内乱で，空前絶後の災厄となった。アメリカ史上未曾有の内乱は50万人以上の戦死者を出し，北部地域を中心とした連邦軍側の勝利に終わり，この結果連邦政府の権限は強化された。

---

(7)　1791年，連邦政府がネイティブアメリカンに対して，その土地に留まることを保障した条約で，州域内におけるネイティブアメリカンの居住地域の合衆国市民による侵害に対して刑罰を課すとした条項を州政府みずから破ったにもかかわらず，連邦政府として州に対してなんらの対抗措置もとらず，条約上の義務の履行さえ出来なかった。

(8)　1832年，サウスカロライナ州は連邦関税法を施行拒否論に基づきその施行を拒否し，憲法会議を招集し，最終的に連邦離脱を求め，武器を持って立ち上がろうとしたため，連邦政府は妥協し，連邦関税法の実施を段階的に適用することにした。

(9)　アレクシ・ド・トクヴィル著，松本礼二訳・前掲書下巻336頁。

第3章　制定過程と南北戦争

2　制定過程と目的

　南北戦争終了後，黒人差別撤廃のための連邦憲法修正が行われた。そのなかでも 1868 年の修正第 14 条[10]の制定には多くの南部諸州の反対があり，困難を極めた。それは南部諸州が，修正第 14 条の制定により，連邦政府の州への介入をおそれたこと，連邦裁判所による州の差別立法に対して違憲性を審査されることを警戒したからである。にもかかわらず，制定に至ったのは，南部諸州が連邦政府との間で，連邦復帰を条件として妥協した結果であった。

　修正第 14 条 1 節は，特権免除条項，デュープロセス条項，平等保護条項からなりたっている。

　本条制定の目的は当初，主として黒人への差別立法の適用に介入することにあった。すなわち本条は，同時期に制定された市民的権利に関する法を州に適用することを保障するものとして，デュープロセス条項よりも，主に平等保護条項に基づき差別立法の成立を阻止することを目的としていた[11][12]。

　しかし，それは当初の主たる立法目的とは異なった変遷をたどっていった。

　当時の合衆国では，黒人差別を許容する法令適用の実態は，州によって異なっていた。そのため黒人差別を許容する各州法を，市民的権利に関する法の下に基準を統一し，修正第 14 条 1 節に基づい

---

[10]　修正第 14 条 1 節「合衆国において出生し，またはこれに帰化し，その管轄権に服するすべての者は，合衆国およびその居住する州の市民である。いかなる州も合衆国市民の特権または免除を制限する法律を制定あるいは施行してはならない。またいかなる州も，正当な法の手続きによらないで，何人からも生命，自由または財産を奪ってはならない。またその管轄内にある何人に対しても法律の平等な保護を拒んではならない」

[11]　田中英夫『デュープロセス』（東京大学出版会，1987 年）117-131 頁。

[12]　町井和郎『権利章典とデュープロセス』（学陽書房，1995 年）3-32 頁。

35

Ⅲ　修正14条制定

て州の差別立法を違憲とすることを目指していた。

　しかし実際には，修正第14条1節は，差別を許容する州法を阻
止することにはならなかった[13]。このことは1896年に，連邦最高
裁が，有色人種として登録されている人でも平等な扱いさえすれば
白人との分離を認める法を，合憲であると判断したプレッシー判決
からも明らかである[14]。

　同判決以降は，分離すれども平等原則が定着し，この判例が変更
されたのは，1954年の連邦最高裁判決であった[15]。80年間近く修
正第14条1節は，黒人差別を阻止する平等保護規定であるとした
起草者達の意に反し，その役割を果たしえなかった。

　制定当時のアメリカ合衆国における各州の黒人奴隷の実情を鑑み
れば，南北戦争後で奴隷解放論者の意見が強力で，また，連邦上下
両院において，対南部強行派である共和党急進派の議員が多数を占
めていた状態だったとしても，修正第14条1節を導入したことは，
当時としては，あまりにも先進的内容であったゆえに，時代の波の
中に覆い隠され，本来の役割が先送りされてしまったといえる。

　これに対して，個人の経済活動は州際間を越えて，活発になり，
また大量取引も増大し，それに連れて発生する訴訟では，いきおい
経済活動の自由，私有財産の保護を求める傾向が示された。

　起草者の制定目的は，前述のように，主に差別立法の阻止にあっ
たものの，本条の制定目的についてはふたつの学説が対立した。

　一つの立場であるスペイン人の法律家H・Flackは，修正第14
条1節は，連邦憲法修正第1条から第8条までの権利章典条項を，

---

[13]　連邦憲法修正第13条，14条の下に合衆国市民に人種を理由に公衆が利
　　用する施設に対して差別することを禁止する法。1883年に，連邦最高裁は，
　　Civil. Right Case（109 U. S. 3）において私有の公衆施設に対してこの法の適
　　用を違憲とした。

[14]　Prissy v. Ferguson 163 U. S 537（1896）.

[15]　Brown v. Board of Education of Topeka 347 U. S 483（1954）.

36

免責と特権条項及びデュープロセス条項を通じて積極的に何にでも適用できることを目的として制定されたと主張した[16]。

　他方，スタンフォード大学教授の C. Fiarman は，Flack の考えを批判し，修正第14条制定過程当時の議事録，議員達のメモ，新聞等を詳細に検討すれば，あくまでも黒人差別に対する保護平等条項として機能することを目的としていたと指摘した[17]。すなわち同教授は，共和党の John Bingham 下院議員[18]を中心とした同条項の起草者達の上下両院における審議状況をつぶさに分析することによって，同条項の1節は平等条項を主たる解釈の中心におき，各州で差別的な立法の制定を阻止することを目的として制定されたものであるという論旨を130頁に及ぶ論文で明らかにした。

　そもそも修正第14条1節の適用を，積極的に広く認めるか，あるいは消極的に狭く適用するかは，現在においても論議されている連邦憲法上の争点である。

---

[16]　H. Flack, The Adoption of the Fourteenth Amendment [John Hopkins University Studies in Historical and political Science, vol 261 (1908).

[17]　C. Fairman, Does the Fourteenth Amendment Incorporate the Bill of Rights? -The Original Understanding, 2STAN. L. Rev. 5. (Dec. 1949).

[18]　John A Bingham (1815 ～ 1900) 弁護士。郡検事を経てオハイオ州から連邦下院議員に選出され通算16年間，議員を務める。その間にリンカーン大統領暗殺特別法廷の判事を務め，1866年に下院の合同再建委員会において連邦憲法修正第14条1節の条文を審議する主要なメンバーであった。彼自身はこの条項を修正第1条から第8条までの権利章典条項の州への直接適用による拡張的解釈論者であるが諸説ある。下院議員落選後は，駐日公使に任命され，約12年にわたり日本に駐在した。

第4章　判例の動向

1　The Slaughter 判決[19]

　上述のように，修正第14条1節は，その立法者意思とは異なり，私有財産保護としての機能を果たすようになってくる。

　次のふたつの事件は，修正第14条1節を私有財産保護規定とみなした最初の重要判例であり，その後，多くのこの条項に関する判例の先駆けとなった。

　ルイジアナ州法に基づき設立された会社が，設立後25年間，ニューオリンズ市近郊区域内の屠殺場および家畜荷揚場，集積場を運営できる独占的権利を与えられていた。この権利は，この会社だけに家畜の屠殺，売買を認めていた。

　原告はこのような権利を認めた州法が，他の業者の参入を阻止し，奪つてはならない財産権ないし自由権である職業選択の自由を侵害するものであり，修正第14条1節に違反するとして訴え，最終的に連邦最高裁で審理された。

Miller 判事の意見（法廷多数意見）

　屠殺業者の参入を禁止するルイジアナ法の解釈について，財産権としての職業選択の自由を保障している修正第14条1節の特権と免責条項は，合衆国市民に対して適用されるものであり，州の市民に対しては適用されない。また，他の業者も一定の使用料を支払えば使用できるのでデュープロセスに反する法律ではない。

---

[19]　83 U. S（16 Wall.）36, 21 L. Ed. 394（1872）.

Ⅲ　修正 14 条制定

Field 判事[20]らの少数意見（Bradley 判事も同意）

　職業選択の自由のような基本的な権利は，修正第 14 条 1 節の合衆国の市民の特権と免除条項に当然含まれる。この権利は自然法を根拠に独立宣言で示された不可侵のものである。州の市民の営業行為として認められた行為が，州の行政的，衛生管理法上の理由により規制されることは許されるとしても，他の市民の職業選択の自由を奪うような独占的権利を認めた法律は，あきらかにデュープロセスに基づかずに職業選択の自由としての財産権を侵害するものである。

　少数意見は，制定法の目的である衛生管理の必要性は認めるものの既存の業者に独占的権利まで与えるほどの必要性はないとして，このような行為を州のポリスパワーの行使として認めるよりも，あらたに参入しようとする人の職業を遂行する権利に重点を置いた立場をとった。

2　Munn v. Illinois 判決[21]

　イリノイ州議会は，シカゴ市およびその近郊地域について，倉庫保管料について上限を定め，倉庫業に対して州発行のライセンスの下に許可していた。被告人である Munn は無許可で倉庫業を営んだため，イリノイ州法に基づき罰金刑を受けた。Munn は，これを不服として連邦最高裁に上告した。

　Munn の主張は，このような規制をおこなう州法は，修正第 14 条 1 節のデュープロセスによらずに財産権としての営業ないし職業選択の自由を侵害するものであるという。

---

[20]　Stephen J Field（1816 〜 1899）。連邦最高裁判事を 34 年にわたり務めた。自然法主義私有財産保護主義者として著名であり，一貫してこの理念を判決に反映させた。

[21]　Munn v. Illinois 95 U. S. 113（1877）.

Waite 主席判事らによる多数意見

「財産権の使用が公益性を帯びる場合には，それはたんなる私権ではなくなり，そのような私権が地域共同体に様々な影響を及ぼす時には，ある程度の公的な規制に服さなければならない。この種の規制は，乱用されることも多いので議会における多数決原理の下で制定されなければならない。議会で制定された法の乱用に対して，国民は議会選挙での投票によって，実体法の規制立法の改廃を求めるべきであり，訴訟によってその種の法の違憲性について判断を求めるべきではない。またイリノイ州法は，デュープロセス条項に反するほど財産権を侵害していない。」このように多数意見は，違憲立法審査権の発動に対して司法消極主義の姿勢を示した。

Field 判事らの少数意見

「財産権の保障は，神の法と同様に神聖なものであり，自然法上の絶対の権利である」という見解に立ったうえ「この種の規制は，デュープロセス条項に反し財産権を侵害するものである」とした。

同判事の意見は，Slaughter House 判決と同様に，立法が手続面だけでなく実体面でも適正であるべきことを要求する実体的デュープロセスの考えに基づき，実体法そのものを違憲とするものであったが，当時においてはまだ少数意見であった。

これらの判例にみられるように，1870 年代は，Field 判事の，デュープロセス条項の適用に関して自然法理論により財産権を絶対視する私有財産保護機能としての解釈は主流ではなかった。

しかし，Munn 判決の翌年に下された 1878 年の Pennoyer 判決は同判事の考えが大きく影響したように思われる。

本来，これは憲法訴訟ではなく，コモン・ローにおける裁判管轄権の不存在に関する訴訟であった。すなわち，修正第 14 条 1 節に基づく裁判管轄権に関する解釈は，判決の傍論で，しかも訴状の送

Ⅲ　修正14条制定

達の手続的デュープロセスの適用のみが述べられたに過ぎなかった。このためデュープロセス条項に関する重要判例とはならなかったものの，裁判管轄権に関しては重要な先例となった。

　すなわち，あえて修正14条1節を適用させる可能性を見いだす必然性はなかったにも関わらず，同判事がこの判決の傍論に付け加えたことは，Slaughter判決からの一連の流れとして，自然法理論による財産権保護を示したかったのではないかと推察される[22]。

(22)　Pennoyer v. Neff: The Hidden Agenda of Stephen J. Field,. 28 Seton Hall L. Rev. 75, 1997-1998.

Ⅳ
Pennoyer 判決

第5章　Pennoyer 判決[1]のインパクト

1　事件の概要

1848 年，西部開拓民 Neff はオレゴン州に到着した。自作農への無償供与法（Oregon Donation Act, 1850)[2]により，土地の権利証を取得するために州政府に申請書を出していたが，なかなか取得できなかったので弁護士の Mitchell[3]に案件を依頼し，弁護士費用は Mitchell が負担したが，Neff[4]は，オレゴンの土地が確実に自分の

---

(1)　95 U. S. 714, 24L. Ed. 565 (1877).

(2)　Donation Land claim Act of 1850.

　　1850 年に連邦議会において制定された連邦法。太平洋沿岸の北西部地域の開拓のために，多くの移住者に対して連邦政府発行の土地所有権を無償で与えた。

　　移住者はその土地に移住することをもとめられ，そして 4 年間無条件に耕作することももとめられた。

　　この連邦法は 1855 年に失効して，1862 年の Homestead Act に引き継がれた。

(3)　John. H. Mitchell（1835 ～ 1905). 正式な法学教育を受けていなかったが弁護士となり，オレゴン州で開業。1862 年，州上院議員となり，1866 年州上院議長，1873 年に連邦上院議員となり 22 年間務める。当時の連邦上院議員の選出方法は，連邦憲法第 1 条 3 節 1 項において直接選挙でなく州の上下両院議員による投票によって選出されることから，Mitchell のような州の有力議員が選出されやすく，また議員の買収も容易であったと思われる。在任中にオレゴン州の連邦所有地の売却に関する汚職事件において同州事実審裁判所は懲役 6 カ月の実刑判決を下した。連邦上院において議員除名の決議がなされる直前に急死した。彼には連邦公有地の売却に関して多くの疑惑があり，これは立件された事件のひとつ。Neff の土地に関しても連邦公有地の民間人への払い下げであり，この辺について当初から詐取を計画していたのではないか。一度，判決が確定してしまえば再度，訴訟を起こす費用を Neff は所持していないと推測したものと考えられる。

(4)　Marcus Neff（1826 ～ 1896). オレゴンからカリフォルニアに移住し，農園主となり成功を収めた。それによって弁護士費用を負担できることから，

Ⅳ　Pennoyer 判決

名義になるものと安心し，カリフォルニア州に移住した。

1865 年になって Mitchell は Neff に対し，弁護士費用 253 ドルの支払いを求めてオレゴン州の地方裁判所に提訴した。訴状の送達は，Neff がオレゴンでは非居住者であり，住居はカリフォルニア州に持っているが，住居不明であることを理由に，オレゴン州法に基づき，公示送達の手続きをおこなった。

この公示送達は，Mitchell の口述宣誓に基づいてなされた。口述宣誓において Mitchell は，被告の Neff が非居住者であり，カリフォルニア州における住所が不明であること，被告への金銭支払請求の訴訟原因がオレゴン州で発生していること，被告所有の土地がオレゴン州に存在していること等の申立てをおこなった。

この口述宣誓に基づく公示送達は新聞紙上に 6 週間継続的に掲載され，送達がなされたことが証明され，州法に基づいて訴えが提起された。住所が不明でも，オレゴン州に財産があれば，このような公示送達で訴えを提起できるという規定があったからである[5]。

送達事実を知らない Neff は欠席し，1868 年，被告 Neff に対する 253 ドルの損害賠償請求が確定し，オレゴン州内に所在する Neff の土地に対して強制競売が申し立てられ，Neff 欠席のままこの申し立ては認められ，競売の結果，時価 15,000 ドルの土地を Mitchell 自身がわずか 300 ドルで買い取った。そして同年 10 月に弁護士 Pennoyer に売却した。

判決から 7 年後の 1874 年，オレゴン州に戻ってきた Neff は，Pennoyer[6]に明け渡しを求めたが応じなかった。Neff はカリフォ

　　ポートランドの広大な土地の取り戻しを考えたものと思われる。

[5]　OREGON. CODECIV. P. 55 (1863).

[6]　Silvester Pennoyer（1831 ～ 1902）。ハーバード出身のエリート弁護士。州の主要産業である材木業を営む財界人でもあった。その後，政界に転じ，オレゴン州知事，ポートランド市長を務めた。オレゴン政界において Mitchell と並ぶ大立者であった。

46

ルニア州民で Pennoyer と州籍を異にするので，州籍相違条項[7]に基づいて州裁判所ではなくオレゴン州連邦巡回地方裁判所に不動産回復訴訟を提起した。

Neff の主張の理由は，連邦政府発行の patents（公有土地譲渡証書）を所持していること，Mitchell 対 Neff 判決は人および土地に対する裁判管轄権を有していないことから Collateral Attack（管轄権がないことを理由とした事後的攻撃）[8]を行使できること，Mitchell の口述宣誓証言に基づく新聞紙上の公告は新聞社の編集長との共謀により詐欺的におこなわれたこと等であった。

Deady 判事は，Neff が Pennoyer に対する土地の所有権に関する裁判管轄権は存在しているとの主張を認めたうえで，次のように判示した。「Mitchell の口述宣誓証言書の作成過程で，Neff の住所を確認するため相当の調査が必要であったにもかかわらず調査は不十分であったこと，編集者の口述宣誓証言書による公告の手続きについては公告に関する事実認識を持った第三者がその公告の印刷過程に立ち会うことを要件としたオレゴン州法に違反している」。

これらを理由に Collateral Attack を認め，「Mitchell v. Neff 判決はオレゴン州法に基づく手続上の瑕疵により裁判管轄権を欠く判決である」とした。さらに「連邦憲法上の「十分な信頼と信用」は与えられていない」として同判決の無効を確認し，無効な判決を前提とした Pennoyer の所有権取得も無効として，Neff に対してその土地の所有権の回復を認めた。

この判決に対し，Pennoyer は，誤審令状[9]により，連邦最高裁

---

(7) 28 U. S. C § 1332 (a).

(8) 副次的攻撃。確定判決を覆すためのコモン・ロー上において認められた手段。とくに欠席判決において明らかに不当な手段に基づいて訴状の送達がなされなかった事例等，もしくは修正第 14 条の下，対人管轄権を取得していないことが再審裁判において認められる場合のみ極めて厳しい制限の下に適用される。

Ⅳ　Pennoyer 判決

に上告した。

Field 判事らによる多数意見

　まず，新聞紙上の公告については，原審の判断とは異なり，オレ
ゴン州法違反はなかったと判断した。しかしオレゴン地区連邦巡回
裁判所の結論を維持し，また連邦憲法修正第 14 条に基づき新たな
判断基準を示した。

　　「連邦制度の下では，全ての州は，各州内の人および物に対し
　て排外的主権と管轄権を持っている。また人と物から発生する
　様々な権利変動に関する法律問題を決定する権限を持っている。
　この原則は個々の州が独立した国家と類似しているという事実か
　ら，国際公法上の原則，すなわち，全ての州は対等な権限を持っ
　ているが各州の領域を越えて財産または人に対して権利を有して
　いるわけではない。
　　しかしながら連邦制度の下では，人そして財産に対して個々
　の州の排他的な主権に必要な制限も付されている。たとえ州にあ
　る裁判所が，州民そして州にある財産に対して他州からの排他的
　主権の行使を妨げるために，その権限の行使を行わなかったとし
　ても，それは自州民保護と認められる。他方において，次の事例
　が示すように，被告人の自発的出頭，州内における被告人への訴
　状の直接送達あるいは州内の被告の財産の差し押さえの場合には，
　非居住者に対して州の枠組みを超えて裁判管轄権の行使により裁
　判手続を開始できる。
　　そして Mitchell 対 Neff 判決において，Mitchell は欠席判決に
　よる強制競売によって不動産の所有権を取得しているが，Neff
　の不動産に対しては，正規の差し押え手続をおこなっていない。

(9)　Writ of error. 判決過程における瑕疵の是比を請求する申立。

48

第 5 章　Pennoyer 判決のインパクト

またNeffに対する送達はたんなる公示送達のみでは不十分であり，なんらかの方法により州外にいるNeff個人に対して送達をおこなわなければNeffに対して人に対する裁判管轄権は行使できない」[10]

---

[10]　Mullane v. Central Hanover Bank & Trust Co., 339 U. S. 306 (1950).

　　適切な通知がデュープロセス条項の下におこなわれているかの基準について判断を示した判例である。

　　ニューヨーク州銀行法の下に成立した共同信託基金は，州内または30州以上におよぶ多くの州民の遺言信託を含む少額信託財産を投資目的のために300万ドルを集めて設立した。

　　この共同信託基金の勘定は，必要に応じてアカウンティングという方法による裁判手続きの下に精算し，その都度，信託の構成要員に対して公告によりその精算を通知することを定められていた。

　　また，信託基金は受益者の持分，氏名，住所，個人か法人かについて子細な記録を把握しておらず，いわゆる無記名設定者もいた。

　　同基金はこの精算を公告に基づいて公示したが，多数の受益者に対して通知が到達せず，不利益を受けた事実に基づき受益者（原告）は公示公告による通知は修正14条における適正手続きに違反しているとして，ニューヨーク州遺言検認裁判所に訴を提起した。しかし，同州最高裁において，原告らの請求は認めなかった。

　　これに対して，原告たちは連邦最高裁に裁量的上告をおこなった。

　　Jackson判事の法廷意見，他6名の判事も同意

　　訴状の送達方法において用いられる手段は，不在者に対して，その訴状が到達するため相応なものでなければならない。すなわち，要求された通知の方法が，その通知によって影響を受ける人々に対して，相当確実に到達するものであり，かつ，その通知方法が状況において相応なものと認められない方法であっても，他に可能性が見当たらず代替的な手段もない場合は，認められるとしている。

　　結論として，公告という通知手段は住所が明らかになっている受益者に対しては相当程度に確実に到達する方法ではない。

　　一方，住所不明の受益者にとって他に代替的手段もない場合において，より多くの受益者に知らせることができる方法である。

　　しかし，一般的に公告という通知方法は，利害関係者全員に公平に伝達される方法でない。通常，配達証明付郵便が最も適切な通知方法であり，連邦憲法上のデュープロセス条項の基準に達しており，多くの州も援用している。

　　これらの理由により，原告らの上告を認めて，ニューヨーク州最高裁判決を一部破棄し，そして，ニューヨーク州の公告による公示は，住所記載者に

Ⅳ Pennoyer 判決

以上を理由に，同判決を無効とし，上告を棄却したうえ，Neff
の所有権を確認したオレゴン州連邦地裁判決をあらためて確認した。

同時に Field 判事は，修正第 14 条 1 節のデュープロセス条項を
裁判管轄権として認定するための手続上の要件とした，しかしなが
ら，次に述べる理由において判決の傍論において述べざるを得な
かった。

　「修正第 14 条 1 節については，両当事者ともこの事件における
　争点として主張しなかったこと，Mitchell 対 Neff 事件の判決等，
　重要な事実関係が生じた時点において修正第 14 条 1 節は制定さ
　れていなかったこと，また同条項を適用しなくてもコモン・ロー
　上において裁判管轄権が存在しない判決は効力を持たないという
　ことが一般的に認められていた」

2　Pennoyer 原則の成立

実際上，コモン・ローにおいての裁判管轄権に関しての認定は，
各州法において異なっており，また，修正第 14 条制定以前におい
ては連邦憲法上において条文上の根拠もなかったことから，デュー
プロセス条項に基づく解釈をこの判決において示したことは，後の

　対しては，その通知方法が適正手続条項に反し違憲であるとし，住所不明者
に対しては合憲であるとした。
　Burton 判事の不同意意見
　共同信託というものは信託の基に証券を共同資金として加わらせることが
認められたときのみ有効である。
　受益者への通知についての表示方法をどのように充足させるかしないかは，
州の自由裁量の下に規定されるべきであり，修正 14 条を適用して憲法上の判
断を求めることは必要がないとした。
　この判決において，改めて，準対物管轄権の要件である公示による公告に
ついて，その個人への直接送達ではなくても，その人の居住地が判明してい
る債権者に対しては郵送による送達が必要であり，単なる，公示公告のみで
は対人管轄権は取得できないとした。

第 5 章　Pennoyer 判決のインパクト

裁判管轄権訴訟において傍論でありながら先例拘束性を持つ判例となった。

　しかしながら，同判事の根本的法理念は自然法に基づき，私有財産権の保護を不可侵の権利とする考え方である。この解釈はスローター判決以来一貫している。

　この解釈に基づき，他州へのこのような権限の行使は，州権の機能として人への裁判管轄権行使において，その州内におけるフィジカル・プレゼンス（物理的存在）と訴状の直接送達というフィジカル・パワー（物理的行使）が必要であるとしたうえで，各州が独立した主権を持つ国際公法上の国家に準じる形態であることからも，デュープロセス条項の下において慎重な手続きを要するとした。この解釈は，下記に述べるように Pennoyer ルールとして確立された[11]。

　ここでいう手続きとは，いわゆる訴えられる側の個人に対しては，確実な訴状の送達が求められることである。また，この場合における送達とは，たんなる公示送達および郵便による送達では十分でなく，本人への訴状の直接送達であるとしている。このような方法に従えば，相手方当事者への訴状の送達が明確に確認され，訴訟についての告知も十分である。

　それまでの事例では，訴状の送達について厳格な手続きがなされなくても，欠席判決が執行されてしまう可能性があった。D'Arcy 判決以降直接送達による訴状の送達がなければ裁判管轄権が存在せず判決は無効であるとされたが，一方，連邦法である 1790 年法に関しては判断が示されなかったことから，送達手続に関する連邦最高裁判例は一貫性を欠いていた。

---

[11]　Perdue, Wendy Collins Sin, Scandal, and Substantive Due Process: Personal Jurisdiction and Pennoyer Reconsidered, 62 Wash. Law Rev. 479 (1987).

51

Ⅳ Pennoyer 判決

このため，送達手続きについて修正 14 条の適正手続きに照らし
て裁判管轄権の有無の判断とすることを示した画期的な判決であっ
た[12]。

---

[12] Pennoyer 判決において前述したとおり，修正 14 条の適用については
obiter dictum（傍論）において述べられたもので判例としてはあまり拘束性
のないものであった。

Riverside & Dan River Cotton Mills, co. v. W. Mnefee（237 U. S. 189.
1915）において正式に対人管轄権訴訟において修正 14 条の適用が認められた。

この事件は Virginia 州において Riverside 社に雇用中に事故にあい，この
事故により生じた人的損傷による損害賠償請求を原告の地元である North
Carolina 州において起こした。訴状の送達は被告会社の取締役が同州に居住
していたことから，この取締役に送達された。

被告は特別出廷して，対人管轄権を争った。被告は North Carolina 州にお
いていかなる取引行為もなく，いかなる財産も持たず，代理人もおいていな
かった。また，事故が発生した州でもなく，唯一，同社の取締役が同州に居
していただけである。

しかし，同州は被告に対する対人管轄権を認めたことにより裁量的上告を
おこなった。

連邦最高裁は被告が同州において何らの活動も，財産も，代理人もおいて
いない事実は被告会社に何らの聴取手続をおこなっていないことであり，こ
の事実は修正 14 条の適正手続条項に違反することから，このような判決には
第 4 条の十分な信頼と信用も与えられないとした。すなわち，対人管轄権の
存否について修正 14 条の適用の下に判断されるべきであるとした。

また個人だけでなく会社についても対人管轄権の取得については修正 14 条
適正手続条項の下に解釈されるべきであるとした。

これらの判決理由は判例拘束性のある ratio decidendi の中で述べられた。

第6章　Pennoyer 判決以降の判例動向

1　Pennoyer 原則の変遷

　連邦制度の下で Pennoyer 原則が確立されたことは，州外の対人管轄権の行使は修正 14 条に基づき慎重かつ適正におこなわなければならないというものであり，その後に大きな影響を及ぼすものとなった。この原則，換言すれば「現実の所在の理論」は，従来のコモン・ロー上の原則からの大きな変更であり，解釈の拡大化および時代的変革の波を乗り越え，その後 68 年間，その基本原則を変更せず，アメリカ合衆国の連邦制度の枠内で対人管轄権行使の公平的正義を確保してきた。

　前述した Pennoyer 判決の意義は，裁判管轄権の存否を修正 14 条に基づき審理することを定めたこと，および法廷地州にいる被告となる個人への訴状の直接送達が裁判管轄権取得の要件だと定めたことにあった。

　他方，個人の場合とは異なって法人に対する裁判管轄権が認められる根拠は，事前の当事者間の管轄に関する合意，事業活動を行っている州における送達代理人の指定，事務所の設置等の Doing Business（営業活動）等であり，これらは Pennoyer 判決以前からも広範に認められていた[13]。

　1900 年代に入り，交通通信手段が発達し，法人の商取引が全米化していくにつれて他州での法人登記および送達代理人を指定しないままに取引がなされる事例が多くなった。これら法人の活動は，

---

[13]　前述した Lafayette 判決により Doing Business として認めている。

53

Ⅳ Pennoyer 判決

法人の存在ないし法人の管轄権受諾の同意を推定させ，その州の裁判管轄権に服させようとする立法が表われた。しかし認めない州もあって全米的に一本化されなかった。

2 判例の動向

(a) Flexner v. Farson[14]

この判決は初期の裁判管轄権訴訟に関して重要な連邦最高裁の判例である。事実の概要は次のとおりである。

イリノイ州法人のパートナーである被告 Flexner は，ケンタッキー州で証券売買をおこなっていた。この売買はイリノイ州法人の代理人としての活動であって，被告自身はケンタッキー州になんらの住所も登録せず，送達指定代理人の登録もおこなっていなかったが，売買をめぐる契約違反を理由に Farson はケンタッキー州において Flexner に対して損害賠償請求訴訟を提起した。

ケンタッキー州裁判所は，被告人の代理人としての活動が一定の推定的同意にあたるとした同州法によってケンタッキー州における対人管轄権を認定し，最終的に同州最高裁もこれを追認した，しかし，イリノイ州裁判所はこのケンタッキー州の執行判決を認めなかったものの，被告側はケンタッキー州法に基づいて代理人の活動を認めることは，適正手続を定めた修正 14 条に違反するとして連邦最高裁に上告した事例である。

この事件において，もはや伝説的となったアメリカ合衆国を代表する法律家である Holmes 判事[15]は次のような意見を述べている。

「ケンタッキー州法は，同州においてイリノイ州法人の会社の

---

(14) 248 U. S. 623 (1935).

(15) Oliver Wendell Holmes Jr (1841 ～ 1935).
現在においてもアメリカを代表する法学者。連邦最高裁判事を 30 年間つとめる。当時の社会立法を違憲とする判断に多くの反対意見を述べた。

パートナーとしてイリノイ州民である被告が代理人としての原告と証券売買契約を締結することはケンタッキー州の裁判管轄権に同意しているという推定的同意を認めている。しかしこの推定的同意理論はたんなる代理人の行為による擬制であり，実質的な同意は得られていない」とした。

また「州は，連邦憲法4条2節1項（他州市民に与えられる特権および免責権の享受）によって他州市民に対してこのような条件または義務を課す権限を有しておらず，州法で他州民の営業活動を推定的同意によって対人管轄権に服させるとすることの権限を保障していない」として，ケンタッキー州法を違憲とし，同州判決の執行を認めなかったイリノイ判決を支持した。

⒝　**Hutchinson v. Chase & Gilbert**[16]

この判決において，アメリカ合衆国において Holmes 判事に次いで著名な L. Hand 判事[17]は次のように述べている。

　　原告は被告であるマサチューセッツ州の会社を相手にニューヨーク州裁判所に訴訟を提起した。これに対して，被告は州籍相違に基づきニューヨーク州連邦裁判所に移送を申立て，同時にニューヨーク州において何らの事業もおこなっていないとして訴状の送達の取消しを申立て，これが認められた。

　　原告側は控訴し，この訴状取消判決について再度の審議をもとめた。

L. Hand 判事は次のような判断を下した。

⒃　45 F. 2d 139 (2d Cir 1930).

⒄　Learned Hand（1872 ~ 1961）.
　　第2区連邦控訴裁判所判事を27年間つとめる。多くのすぐれた判決文を残し，連邦最高裁判事の候補になるが，政治的な問題により指名されなかった。

Ⅳ　Pennoyer 判決

　事実関係としては，原告は被告から株式を購入することによって
ニューヨーク州においてその株式の量に応じて，または契約価格に
おいて，何らかの便益の支払を約束した。

　訴状はニューヨーク州にたまたま訪れていた副社長に直接送達さ
れた。

　この事件の最大の争点は，被告の幹部が一時的に滞在し，そこで
起こした契約違反事件が同一の活動過程において生じた訴訟原因に
結びつくかどうかであり，被告がその州に存在していたかどうかが
唯一の問題である。

　通常，州外の会社の明白な同意がない限り，法廷地州外の取引か
ら生じる訴えを提起しうるかは過去の判例からも難しい。

　被告企業は公益事業の技術部門の会社で持株会社を通じて間接的
にニューヨーク州において利益を得ていた。

　同州の支社は何も実質的な営業をしていないが，貸事務所を持ち，
銀行口座をもっているが，口座はボストンから引き出され，全ての
業務もボストンでおこなわれていた。

　これらの施設もニューヨーク州においての株式の売買の書類の交
換のためにその会社の役員が時々訪ねるだけであり，これらの業務
に関する交渉の結果として決して契約を締結するものではない。全
ての交渉にはボストンの本部の下に任せられている。

　他方において，訴訟上の契約はニューヨーク州において締結さ
れているし，また，小会社の債券がかつて被告の署名の下にニュー
ヨーク州において確定日付された文書が目論見書と同封され売買代
理人および証券引受業者によって売却を申し出た事実がある。また
事務所の電話番号も登録されている。

　通常，対人管轄権は法廷地州内に存在する被告（個人）に対して
物理的に権利を行使できることに由来している。召喚状の送達が事
実上被告（個人）に対して裁判所の命令の下で行われるが，それに

56

第6章　Pennoyer判決以降の判例動向

代わって，通常，通知の形式により送達されるが，このような論理
は会社に対して適切なものではない。会社の存在というものを擬制
的なものとして考える限り，州の枠外に存在するものとして取り扱
われる対人管轄権に関して，会社の明白な同意があればどこにおい
ても訴えられるということから，地域的な制限は回避される。

　しかし，会社（法人）が州外において presence（存在）しなけれ
ばならないということは，その存在という概念が会社（法人）を州
外において裁判管轄権に服従させてしまうことである。これは何の
議論も発展させないし，答えるべき問題は何もない。

　会社（法人）がそこに存在しているということは，その所在地に
おいてその会社がその業務を行うことを達成していなければならな
い。

　株主，役員，支配人，代理人は個人として活動しており，会社の
活動それ自体を表わしているものではない。つまり，彼らの法的取
引が全部，会社に帰属するべきではない。

　役員，支配人達の行為が会社を代表するのは，彼らが会社に関す
る業務をおこなっている時である。その業務とは全体的な行為の中
において一部をおこなっているとか，全体をおこなっているとかで
はない。

　その業務については性質ごとに異なることから，単にその業務を
おこなっているだけでは，そこに会社の所在地の存在を擬制するこ
とは困難である。

　ゆえに，会社がその所在地に存在するという擬制論をもちいるこ
とは意味がない[18]。

　会社の業務が法廷州において継続的に行われていることが重要で
あり，それゆえに会社の業務が1回の取引だけでは十分ではない。

───────────────
[18]　奥平安弘「アメリカ抵触法におけるジュリスディクションの概念」北法41
　　（5.6.238）1991年。

57

Ⅳ Pennoyer 判決

単に，存在という用語によって短かく明示されているが，存在という意味は訴えられた場所に防御することから生じる不便の評価という問題も含んでおり，また，その州おいて遂行された行為についての継続性と業務の範囲というものが，その州において裁判をおこなうことに合理性があるかどうかを調べることも必要である。

このような見解から考えると，被告企業はニューヨーク州で何ら継続的，実質的な事業をおこなっていない。すなわち，原告と被告の間における訴訟上の争点となったことに関しての活動において何ら実質的，継続的活動をしていないということである。

確かに被告企業はニューヨーク州との間に数々の接点はあるが，原告との関係においては実質的なものではない。被告企業の地域的な活動以上の何ものでもない行為からこのような負担を課すことは合理的なものではない。

上記の理由に基づき第2巡回区控裁は地裁判決を確認した。

この判決は州籍相違に基づき連邦地裁に移送された判決を被告の異議申立により控訴裁判所に控訴されたものであり，特に対人管轄権を競っていないが，内容的に裁判管轄権の存否が争点となっている。修正14条に基づく解釈は示されていないが，実質的にはこの条項の問題も含まれていると考えられる。

この判決は企業の継続的，実質的活動が存在するかしないかが対人管轄権を認定する分かれ目であることを示し，後の International Shoe 判決におけるミニマム・コンタクト理論の礎となった[19]。

また 1990 年の Burnham 事件については詳しく後述するが，直接送達によって対人管轄権を認めるための判例のひとつである。

すなわち，離婚が成立し，養育費の支払いについては係争中であ

---

[19] Jamelle C. Sharpe BEYOND BORDERS: DISASSEMBLING THE STATE-BASEDMODEL OF FEDERAL FORUM FAIRNESS CARDOZO LAW REVIEW Vol. 30: 6 p. 2915 (2009).

るため，その争点について，妻と話し合うためのカリフォルニア州訪問は十分に継続的，実質的な活動に基づいており，現地において訴状を直接本人に送達することで裁判管轄権を認めている。この L. Hand 判事の理論は，Burnham 事件における Brennan 判事の考え方に近いと思われる。

⒞　**Henryl. Dohererty & Co v. Goodman**[20]

1935 年のこの判決は，推定的同意理論がある程度緩和されて認定された。

アイオワ州民である原告 Goodman はニューヨーク州民でかつニューヨーク法人である Henryl. Dohererty＆Co との間で株式取引を行っていた。原告は Henryl. Dohererty 個人による株式の売買契約によって損害を被ったとして，アイオワ州において損害賠償訴訟を提起した。

アイオワ州最高裁は，この契約はアイオワ州デモインにある同社事務所において締結された事実関係から，同州裁判管轄権法に準拠して，被告 Dohererty に対する裁判管轄権を認めた。

これに対して被告は，個人としてアイオワ州とはなんらの関連性もないとして，同州法は修正 14 条による適正手続に基づいた告知をしていないとして連邦最高裁に上告した。

同最高裁は，Doherty は自ら進んでアイオワ州のデモインに Henryl.　Dohererty＆Co の事務所を設置し，その場所で証券販売業を営んでおり，たとえ Dohererty 個人が原告に対して証券売買を行ったとしても，それは会社の行為と同一であるゆえ，裁判管轄権を認めるアイオワ州法は合憲であるとし，Dohererty に対する裁判管轄権を認定した。

⒇　294 U. S. 623 (1935).

IV Pennoyer 判決

1920 年代に入り，空前の株式好況により個人による証券売買が活発となり，このような訴訟が頻繁に発生したことにより，とくに証券売買のようなリスクを伴う取引に対して，売主の会社，個人に対して対人管轄権を広く認める流れになってきた。

前述した Flexner 判決と異なる点は，被告会社が売買契約締結地に事務所を持っていたことが裁判管轄権を認める要因となったことにあり，推定的同意論を否定した同判決を必ずしもこの判決により否定したものではない。

このように推定的同意論および存在に基づく擬制説については紆余曲折があり，この解釈論は裁判管轄権認定のための中心的な理論にはならなかった。

1920 年代後半から全米的に自動車が普及し，州際間の往来が活発化したのに伴い，自動車事故が増加し，擬制説の活用が求められた。

非居住者である自動車の運転者が事故を起こした州では，直接訴状が送達できない事件が多くなり，大きな社会問題となった。そのため非居住者運転法（The Non Resident Mortorlst Statue）が各州において立法化された[21]。

この法は，非居住者である運転者が事故を起こした場合には，その州の裁判管轄権に服するという「黙示の同意」があったと扱われ，州務長官を黙示の送達代理人として訴状の送達を受けるという一種の擬制を利用した。この法は，多発する自動車事故を原因とする損

---

[21] Hess v. Pawloski 274 U. S. 352, 47 S. Ct 632（1927）マサチューセッツ州の非居住者運転法について修正 14 条に基づき違憲訴訟が起こされたが，自動車の特性は危険なものと認定したうえで，対人対物に対して損傷を招くことがその使用において発生しやすいとしたうえで，非居住者の高速道での自動車の使用から発生する事故における訴訟において，訴状の送達において代理人として登録されている者と同等の権利を付与するにつき修正 14 条における適正手続条項に違反するものではないとして非居住者運転法を合憲とした。

害賠償請求訴訟の裁判管轄権取得を容易にし，被害者の救済を可能にした。

このように推定的同意論は，自動車事故に伴う損害賠償請求訴訟を事故の被害者が加害者に対して容易に訴訟を提起できるようにするための一種の擬制として認められるようになった。しかし，一般的には判例法的に確立がなされなかったためこのような成文法が制定された。

確立がなされなかった背景には，Macdonald v. Mabee 事件[22]において前述した Holmes 判事の「裁判管轄権の基盤はその物理的な権限が及ぶところである」という判決が，重要な先例でありかつ法的格言として歴然と解釈の中心にあったことにより，強い拘束性を持つに至ったのである。結果として，推定的同意および存在理論は個人の活動に対する裁判管轄権の取得の要件としては認められなかったが，法人の活動については要件次第によっては認める判例[23]

[22]　243 U. S. 90 (1917).
　　テキサス州民である Mabee は他州へ移住する明確な意思をもって同州を去った。しかし，家族は同州に居住していた。Mabee が同州にいない間にテキサス州の裁判所に約束手形の支払いを求める金銭支払訴訟を起こされた。この時点で被告はミズーリ州に住所を確立していた。この訴訟の送達は単に新聞に公示されただけである。そのため被告人欠席のままテキサス州最高裁は原告の請求を認めた。
　　被告は連邦最高裁に修正 14 条の下での合憲性をもとめ上告した。Holmes 判事の次のような多数意見を述べた。管轄権の基礎は，その物理的なパワーにあるとした有名な解釈を述べ，他州に移住した非居者である被告に新聞公告のみによる訴状の送達は修正 14 条の適正手続条項に違反する。実質的正義がなされるならば，被告が現に住居している州において訴状が送達されることが，判決を付与するためのそのような権限（パワー）の基礎となる。
　　すなわち，現に居住している住所に訴状が送達されることが重要であり，単なる形式的な新聞上の公告は修正 14 条の適正手続に違反するとした。
[23]　Philadelphia & Rdg. Ry. Co. v. Mckibbin, 243 U. S. 264, 265 (1917).
　　Brandeis 判事は次のような意見を述べている。
　　州外会社はその州に存在しているというような推定を正当化できる程の範囲と方法において，その州において事業活動をしていることが認められる

Ⅳ Pennoyer 判決

も認めない判例[24]もあった。

いずれにしても法人の活動と個人の活動を明確に分離できないような要素を持つ商取引活動については，これらの解釈では対応できず，新たな解釈の導入が求められた。

州際通商のさらなる拡大により，会社に対する対人管轄権の拡大は黙示の同意理論，指定代理人の範囲の拡大により広く認められるようになった。

これに対し，会社も他州からの裁判管轄権に服することを回避しようとして注文品，カタログセールスによる営業は，たんなるSolicitation（勧誘）であり，Doing Business ではないという原則（Solicitation Plus Formula）[25]を主張した。

この原則は，多くの州において本社が多数のセールスマンを雇用し，注文品販売をおこない，販売契約はセールスマンと結ぶのでな

場合において，同意なくしても人的責任を執行するための訴状に従うべきであると述べているが，一方において，その営業活動をしている州外会社がその州において法的に授権された代理人に対して訴状の送達が必要であるとしている。それにより，被告（州外会社）の対人管轄権不存在の申立を認め，ニューヨーク州南部地区連邦地裁判決を破棄した。

[24] Pennsylvania Firelns. Co. v. Goldlssue Mining & Milling Co. 243 U. S93 (1917).

Holmes 判事は次のように述べている。

ミズーリ州法に基づきアリゾナ州法人の保険会社がミズーリ州において，保険金支払請求訴訟をおこされて，同州においての対人管轄権の存在を争った事例である。同判事は同州法に基づき，保険会社が委任状に基づく代理人を指定していることから，同州に対人管轄権が存在するとして被告の上告を却下し，州最高裁判決を確認している。1917 年の 3 月 6 日に下された両判例とも，判決としては推定的同意論に対して消極的な見解を示している。確かに Brandeis 判事はある程度理解も示しているが，州外会社に対して該当州の事業活動について，あくまでも法的授権が必要であるとしていることはあまり積極的に推定的同意論を認めているとは思われない。

[25] 藤田泰弘『日／米国際訴訟の実務と論点』（日本評論社，1998 年）43 頁。
Fredrick B. Lacey "Solication As Doing Business - A Review of New York and Federalcare" Fordham Law Review, Vol. 18 Issue 2（1949）.

く，彼らの雇用主である本社と直接的に販売契約をしているとして，実際に販売をおこなっている州に居住するセールスマンへの活動から他州にある販売会社への対人管轄権を認めさせないことが目的であった。

V

Internatinonal Shoe Co. v.
State of Washington 事件[1]

第7章　International Shoe 判決のインパクト

事実の概要と判旨

　この判決が出された1945年は，第二次世界大戦が終了したエポック・メイキングな年であった。この年以降，アメリカ合衆国は，大戦中に発展した軍需産業を民需産業に転換させることで，大量生産，大量消費社会を促進するための経済政策をとりつつあった。この年に，この判決が出されたことは歴史の必然というか，歴史の要請というか，時代がこの判決を引き出したように思える。このような状況において従来の判例原則を68年ぶりに変更する本判決の意義は重要である。

　事実の概要は以下のとおりである。ワシントン州の雇用保険局は，同州内で10人以上のセールスマンを雇用し，靴の注文販売をおこなっていた International Shoe 社に対して，セールスに従事している被雇用者に一定割合の雇用保険料を支払うことを請求した。これは行政訴訟であるが他州の会社に対しての民事訴訟と同様に対人管轄権の存在が求められた。Shoe 社はミズーリ州のセント・ルイスに営業の本拠地を持つデラウェア州籍の法人であるため，同社は，ワシントン州では営業活動をしていないとして，対人管轄権のみを争った。

　下級審では，Shoe 社の主張は認められなかったので，同社は連邦最高裁に上告した。最高裁は全員一致の意見で Shoe 社の上告を

---

(1)　326 U. S. 310 (1945).

V Internatinonal Shoe Co. v. State of Washington 事件

棄却した。

ワシントン州雇用保険局の Shoe 社に対する保険金支払請求訴訟についてストーン主席判事の法廷意見は，Shoe 社に対するワシントン州の対人管轄権を認めた。次のように述べている。

「同社のセールスマンは同州において継続的かつ組織的に長期間にわたり営業活動をしており，同州において多くの私的利益と公的利益を享受していることは事実関係からも明白である。」

また Shoe 社に対するワシントン州の対人管轄権について，従来の現実の所在理論および黙示の同意理論ではなく，修正 14 条に基づく『フェア・プレイと実質的正義』[2]という伝統的な概念に基づいて適正手続による訴状の送達がおこなわれ，法廷地（ワシントン）州と被告との間で裁判管轄権が成立するためには，ミニマム・コンタクト（最低限度の関連性）が存在していることが要求されるとした。本事例において，Shoe 社とワシントン州とのコンタクトは，かなり継続的，組織的なかかわりあいを持っていることは明白であり，従来の管轄理論によっても認定できるほどである。また Shoe 社は同州において大きな利益をあげ，同州における様々な特権を利用しているにもかかわらず，雇用保険料，税金等の公的負担を，デラウェア州籍とすることにより，意図的に逃れようとしていることはフェア・プレイと実質的正義に反する行為である。一方，州当局における訴状の送達は適正におこなわれており，なんらフェア・プレイと実質的正義に反するものではない。

この判決のように，まるで絵に描いたようにミニマム・コンタクトとフェア・プレイと実質的正義論に基づく対人管轄権を認定でき

---

(2) フェア・プレイと実質的正義論の源泉は，やはり Holmes 判事のマクドナルド判決の中で述べた名句であり，これを判断基準とすることで一層の説得力を持たせたのではないか。

第7章　International Shoe 判決のインパクト

る例は稀有であるように思われる。すなわちこのミニマム・コンタクトとフェア・プレイと実質的正義論は曖昧な理論であり，その解釈の幅はかなり広いものであることから裁判官の裁量的解釈の余地が大きくなる。

　判決当時，Black 判事[3]は賛成補足意見で次のような懸念を示している。

　修正14条の法の適正手続条項は州内における会社に対して訴訟を起こしたり，課税したりすることができるかどうかの問題についての争点に適用すべきではないという立場に立ったうえで，reasonable and fair play and substantial justice という原則は極めて漠然としたものであるが，通告および審問なしの人的判決の付与は同原則に反し，コモン・ローに基づく自然的正義に反することは確かである。

　しかし，この自然的正義という概念に一致する時のみ州がその会社を訴えたり，課税したりすることができるという法廷意見は支持できないとして，修正10条によってこの問題は解決されるべきであるとした。

　この解釈は紛らわしい不確実な要因を訴訟の形態の中に組み入れてしまった。そして，憲法上において定まっていない州権限の行使の範囲を縮小させる方向にむかわせてしまった。

　連邦憲法は各々の州において営業している会社を訴えるために裁判所の門戸を開放し，課税する権限をあれこれ要らぬ論議をせずに

_____

(3)　Hugo Lafayette Black（1886 ～ 1971）.
　　アラバマ州選出連邦上院議員を経て連邦最高裁判事に任命され（1937 ～ 71），34年間勤める。上院議員時代から裁判官をやめるまで一貫してリベラル，進歩的な立場を貫いた。修正14条は連邦憲法の権利章典条項の全条文を市民の人権保護のために州政府に適用できるという立場に立っていたが，必ずしも司法積極主義者ではなく自然法理論については International Shoe 判決で述べた意見の立場をとった。

69

V Internatinonal Shoe Co. v. State of Washington 事件

認めている。

　フェア・プレイという裁判所が定めた概念においてその解釈を条件づけることは，一種の法的解釈権を奪うことである。

　いずれにしても訴えやすくすることは市民に司法上の保護を与えている州の権利を奪うことになる。そのような権限を裁判所に与えている限り適正手続の意味を拡張することはできない。

　「『フェア・プレイ』，『正義』そして『合理性』というような言葉は，強い感情的な訴えである。しかし，原典である憲法または修正14条を起草した人達は，このような概念に基づいて選挙された代表者によって制定された連邦法または州法を無効にすることを裁定できるとして考えていなかった。また，裁判所にそのような柔軟な基準の下で立法を無効にしてしまう権能を正式に与えてしまうことは，民主的な政府を最も恐れた者でさえも，おそらく誰も想像さえしなかった。『合理性』『正義』『フェア・プレイ』という概念の下であろうとなかろうと，このような自然法的概念を適用することにより，裁判官を国法上の最高の裁定者（arbiter）にしてしまうことは，結果的に憲法条項そして政府の形態すら裁判官によって変更できることになる。このようなことは同意できるものではない。」[4][5]

---

(4)　Black 判事は Adamson v. California（332 U. S. 46 1947）事件の中で，連邦憲法によって連邦最高裁は自然法の下に限界のない権力を与えられてしまっているが，この自然法法理は連邦憲法となじまないものである。ある時期においての文化的品性あるいは基本的正義にあわせるために，連邦憲法の基準を拡張したり縮小したりする。これは議会の犠牲の下，裁判所に対して立法政策に関して最終決定権を付与することになる。自然法というものは，曖昧で抽象的であるから，裁判官は個人的主観的判断に陥りやすい。この結果，議会が通過させた法を無効にしてしまう強大な権限を付与してしまうという極めて重大な事態である。この考えは，Black 判事が International Shoe 判決で述べた意見を一貫して論じている。

(5)　町井和郎『権利章典とデュープロセス』（学陽書房，1995 年）86 頁。

第7章 International Shoe 判決のインパクト

　実際，州の権限行使に関する判決がこのような自然法的概念の下に支持されたが，この判決で公表された原則は将来，連邦最高裁が示した自然法的正義の理念と一致しないことを根拠に連邦および州の制定法を無効にしてしまうのではないかという懸念を抱いている。

　Black 判事の指摘は，修正 14 条による無制限の拡大解釈は州の本来の憲法上の権限までも侵害することになることから，このような自然法主義的概念による曖昧な基準では，判例法上の原則としては不明確であると指摘している。その後，この判決が述べたフェア・プレイと実質的正義論は対人管轄権の解釈は，ロング・アーム法⁽⁶⁾，リステイトメント⁽⁷⁾等の基本原則となったが，その認定については裁判官の裁量判断の幅が大きく，対人管轄権の有無の基準となるには多くの判例による付加的要件が必要となったことは Black 判事の指摘どおりである。

　また，この判決以降対人管轄権と定義づけられるようになった。

────────────

⑹　International Shoe 判決以降，各州は非居住者への対人管轄権を拡張するためのロング・アーム法を制定した。文字通り長い腕を延ばして他州への対人管轄権を行使するという意味である。この制定法を行使するためには修正 14 条の適用による適正手続が常に表裏一体になっている。

⑺　Restatment
　各州法及び判例等を総合的に分析して各法を分野別に条文化して再記述していることで Restatment と称される。現在 3rd edition に至っている。

VI

International Shoe 判決以降の
連邦最高裁判例

第 8 章　1950 年代の重要判例

1　McGee v. International Life Insurance Co.[1]

事実の概要と判旨は以下に述べる。

1957 年のこの判決は，Shoe 社事件の判断をさらに一歩進め，対人管轄権の拡張に弾みをつけたと考えられる。それゆえに，この判決は Shoe 判決より重要な意味を持っている。Shoe 判決は，Doing Business（営業活動）をワシントン州でおこなっていたことは明瞭であり，ただ，その行為が法的登録を経ておこなわれていなかったという事実のみが争点であった。

1944 年，カリフォルニア州民である Lowell・Franklin はアリゾナ州法人である empire 保険会社との間において生命保険契約を締結した。1948 年，International Life Insurance は，Empire 保険会社を吸収合併して，その保険債務を引き継いだ。この後，同社はカリフォルニア州の Franklin に対して新しい保険証券を郵送し，その証券に基づいて引き継いだ生命保険を同一条件のもとで引き受けることに合意した。その時点から，Franklin は保険の掛け金をカリフォルニア州から同保険会社のテキサス州の営業所に定期的に支払っていた。McGee は Franklin の母であり，証券上の受取人であった。Franklin の死亡により，上告人である McGee は保険会社に死亡証明書を送った。しかし被上告人である保険会社は，Franklin は自殺したと主張して支払いを拒否したうえに同社はカリフォルニア州になんらの営業活動をしていないとして対人管轄権

---

[1]　355 U. S. 220（1957）.

VI International Shoe 判決以降の連邦最高裁判例

を争った。

McGee 判決の重要な争点は，テキサス州にある保険会社が，郵便による保険契約締結の勧誘行為に基づいて，カリフォルニア州の住民に対して郵送によって保険契約を締結したことおよびFranklin に対する一回の誘引行為がカリフォルニア州の対人管轄権を認めるミニマム・コンタクトであると認定されるかが争点になった。

テキサス州の保険会社はカリフォルニア州においてなんらの継続的，組織的な活動もせず，同州においてなんらの特権を利用することも，利害関係も享受していない。これらの事実関係をふまえてBlack 判事は次のような法廷意見を述べ，Douglas 判事も同意した。

「昨今，州外法人その他の非居住者に対する州裁判管轄権の許容範囲を拡張しようという傾向が顕著に認められる。これは国内経済の基本的な変質により，多くの商取引が多数の州との関係を持つようになった。また州際通商取引の全米化の増大にともない，州境を越えての郵便物による商取引の量を増大させた。同時に，近代の交通通信手段の発展は経済活動に従事している当事者を他州において，訴訟に応訴するための負担を軽減させた。本件においては，修正 14 条の適正手続条項の解釈から，カリフォルニア州と保険会社との間において十分なミニマム・コンタクトを見出すことができる。すなわち保険契約はカリフォルニア州において締結され，保険料は定期的に同州から郵送され，被保険者は死亡時に同州の住民でもあった。これらのコンタクトからも被告に同州の対人管轄権を認める十分な利益が存在している。また被保険者の遺族にとって，テキサス州における訴訟は訴訟費用の点においても大きな負担となる。また，保険会社から抗弁として出されている被保険者の自殺の有無に関する調査についてもカリフォルニア州における裁判の方が証人の出廷，証拠調べのような公的な

第 8 章　1950 年代の重要判例

利益の側面からしてみても便利な法廷地である」。

　この判決の意味することは，被告に対してカリフォルニア州の対人管轄権を認めることについて，被告の保険会社にとっては不便な法廷地となるが，その負担は原告の負担と比較衡量すれば，原告側に比して実質的には少ないものである。またこの判決の重要なところは，たんなるミニマム・コンタクトとの認定だけでなくフォーラム・ノン・コンビニエンス（不便な法廷地理論）を組み合わせて対人管轄権を認定していることである。すなわちフェア・プレイと実質的正義理論の理念から，原告の負担を被告の負担よりも重視し，そして同州を最も効率的に紛争を解決できる場所と認定した。

　結論として McGee 判決は，Shoe 判決よりも対人管轄権を肯定するための基本的枠組みを示すと同時に，その拡大についての最高目標点を示したものと思われる。

2　Hanson v. Denckla[2]

　事実の概要と判旨については以下に述べる。

　1958 年，この判決は対人管轄権の拡大についてある一定の歯止めをかける効果があった。また争点は信託財産をめぐる遺産相続に関する訴訟に対人管轄権の問題がからんだものであり，アメリカの法曹界においても極めて複雑な事実関係もつひとつとして有名である。

　事実の概要は以下のとおりである。1935 年ペンシルベニア州に住居を持つ Donner 夫人は，デラウェア州法人である Wilmington 信託会社に財産を信託譲渡した。信託財産は証券から構成され，この信託証券は，生涯，財産権を Donner 夫人が保持し，遺言または生存者間証書のいずれかの方法で受益者を指定する権利を有してい

---

(2)　357 U. S. 235 (1958).

77

VI International Shoe 判決以降の連邦最高裁判例

た。1944 年，Donner 夫人はフロリダ州に移住し，1949 年に受益者指定権を行使し，孫である Donner Hanson に三分の一を譲渡した。1952 年，Donner 夫人は死去し，娘の Elizabeth Hanson が遺言執行者として遺言を検認した。

問題となった点は，まず，信託財産に関する遺言と残余財産条項[3]が一致し，または指定権にしたがって譲渡されたかどうかである。すなわち故 Donner 夫人が有効に資産を信託資産として移行したかどうかが問題となった。もし，この信託が有効であるならば，総額 140 万ドルの信託資産のうち 40 万ドルがデラウェア法人である Wilmington 信託会社から孫の Donner Hanson に譲渡されるものであった。他方，100 万ドルが遺言で二人の娘である Catherine Denckla と Doherty Stewart の各々に 50 万ドル遺贈されていた。フロリダ州民である Denckla は，受益者指定権[4]による孫への信託資産の譲渡は無効であり，遺言により全財産は Denckla らに承継されたとして，同じくフロリダ州民である Donner Hanson およびデラウェア州法人である Wilmington 信託会社に対してフロリダ州において，資産譲渡の無効確認の宣言的判決を求める訴訟を起こした。訴状の送達は，普通郵便と公示送達によっておこなわれたが，被告側欠席のまま，フロリダ州最高裁は全ての資産は遺言により Catherine Denckla らに譲渡されたものとして資産譲渡無効の宣言的判決を下した。他方 Hanson らは，資産は有効にデラウェア法人の Wilmington 信託会社に譲渡されたものであることを確認する宣言的判決を求める訴訟をデラウェア州において起こした。被告人であるフロリダ州民の Denckla らは欠席した。

---

(3) Residuary Clause.
　　残余財産を遺贈するため文言，条項。

(4) Power of appointment.
　　信託財産等の財産の処分に関して信託設定者が保持している権利。

第8章　1950年代の重要判例

　最終的にデラウェア州最高裁は，受益者指定権による資産の譲渡を有効であると確定し，この判決により，フロリダ州の判決はデラウェア州において「十分の信頼と信用」を与えられず，同州において判決の執行を拒否された。

　上述のように，相反する判決の有効性について，連邦最高裁判所はデラウェア州判決の無効を求める上告人（Denckla）の請求に対して，裁量的上告を認めた。

　最も重要な争点は，フロリダ州判決がデラウェア州の信託会社に対して対人管轄権を獲得しているかについてであった。獲得していれば，フロリダ州で勝訴したDencklaらの勝利となり，相続財産の全部を取得できることになる。

　Warren主席判事を含む5名（Clark, Harlan, Whittaker, Frankfurter）の法廷多数意見は，次のように述べた。

　「McGee判決，International Shoe判決と比較しても，この事例は対人管轄権を認めるなんらのコンタクトを見出せない。デラウェア州の信託会社はフロリダ州において，事務所も存在しない，なんらの取引関係もなく，信託資産等も存在しない。また，いかなる誘引的行為もこの会社は同州においておこなっていない。この事件の訴訟原因は，フロリダ州においてなされた行為から生じたものではない。この訴訟の主たる争点は，故Donner夫人が生前処分行為としておこなった信託設定の効力に関する問題である。この信託の設定者はペンシルベニア州民である故Donner夫人がデラウェア州に設立し，同州において信託財産管理をおこなっていた。その後，フロリダ州に移住後，デラウェア州の信託会社から運用利益を受け取っていた。また同夫人は移住したフロリダ州からデラウェア州の信託会社に対して，継続的にその信託の管理等について指示を与えていた。一方，デラウェア州の信託会社の方からは積極的にまたは意図的にフロリダ州において係わり合い

79

Ⅵ International Shoe 判決以降の連邦最高裁判例

を持たず，同州においてなんらの特権上の利用もしていない。このような事実関係から，非居住者である被上告人（Denckla 夫人）側は信託管理の指示等，フロリダ州において一方的な行為をデラウェア州の信託会社におこなっているが，このような行為が法廷地であるフロリダ州においておこなわれたことについて，ミニマム・コンタクトの要求を満たすことにはならない」とした。

この原則の適用は，被告（被上告人）の活動の性質と量において変化するが，被上告人はデラウェア州の信託会社が法廷地州であるフロリダにおいて，法の保護と利益を求めて，その特権を意図的に利用した行為を見出さなければならない。フロリダ州において，信託設定者の Donner 夫人がおこなった生前，死後における受益者指定権の実行をデラウェア州の信託会社がおこなった事実についても，その行為がフロリダ州において意図的に特権利用（purposeful availment）したとは認められない。これらの行為はいずれも被上告人側からの一方的な行為に基づいている。

結論として，フロリダ州の裁判所はデラウェア州の信託会社に対して対人管轄権の行使は認められないとした，すなわち，フロリダ州判決は相手方当事者に対して対人管轄権を欠くものであるとして十分な信頼と信用を付与できないとして同判決の無効を確認した。これによりデラウェア州の信託会社の設立の有効性を認めたデラウェア州判決が確定した。

最終的に，信託の有効性を認めたデラウェア州判決が確定したことにより，実質的に Denckla 側の請求は認められなかったことになる。結果として，信託の有効性に関する権利取得指名権の問題，遺言に関する問題の実体的審理は，実質的にほとんどおこなわれないまま，この連邦最高裁の対人管轄権に関する審理により決着をみたことになる。

上述の多数意見に対して，Black 判事ら4名による有力な反対少

数意見は，次のように述べている（Burton，Brennan 両判事同意）。

　　「フロリダ州は法の適正手続の下に裁判をおこなうための権利を行使することにつきなんらの問題を生じない。すなわち，この信託に関する受益者指定権の行使が，フロリダにおいておこなわれており，これによる受益者も，ほとんど全員が同州に居住している。また，同州における裁判は非居住者たる被告に対してフェア・プレイと実質的正義に反するほどの重い負担を課すものでもない。いずれにしても，フロリダ州は両者において便利な法廷地でもある。また一方的であるにせよ，8 年の期間，信託に関する管理の指示を信託設定者である故 Donner 夫人がおこなっていたこと。事実，Donner 夫人の遺言は同州において執行もされていること等これらの事実関係からもフロリダ州において対人管轄権を認めることについてなんらの基本的な不合理性を見出すことはできない」。

　この意見には，Burton，Brennan 両判事も同意した。Douglas 判事は，より明確に「受益者指定権による信託財産の譲渡は遺言上の効力の問題である」と指摘し，「この執行はフロリダ州法の下に実施されるものであるべきとして，フロリダ州判決が有効である」としている[5]。

　この判決における重要なポイントは，フロリダ州において提訴した Denckla らが，相手当事者であるデラウェア州の対人管轄権を取得できなかったことであるが，そもそも反対少数意見は，フロリダ州こそが多くの利害関係人の存在，遺言の執行という点において便利な法廷地であり，単なる名目上の存在であるデラウェア州の信託法人への対人管轄権取得にこだわる必然性はないとしている。

---

[5]　抵触法に基づき実体法としてフロリダ州法を適用することから，フロリダ州に対人管轄権を認めるべきだとしている。一方，対人管轄権は手続法上に基づき修正 14 条の下に判断されるべきであるとしている。

Ⅵ International Shoe 判決以降の連邦最高裁判例

　本質的な問題として，デラウェア判決については対人管轄権に関する争いはない。フロリダ州判決の対人管轄権取得の可否がその争点となった。フロリダ州判決の対人管轄権は否定され，最終的に本案事項である実体的審理には入らないまま，デラウェア判決の有効性が認められたことにより，受益者指定権の行使は有効と認められたことになる。

　この判決は公平的正義の意味においては，すでに 100 万ドル（現在の価格から言えば 3,000 万ドル位）の遺贈を受けている Denckla らに対して，信託の受益者指定分についてまで認める合理性がないことまでも考慮しているのではないだろうか[6]。多数意見を代表した Warren 主席判事の意見は，おそらくこれらのことを配慮したうえでの判断ではなかったかと推測される[7]。また多数意見は税制上の優遇措置を認めているデラウェア州における法人設置に関する同州の法益を保護することも考慮したのではと考えられる。他州からの対人管轄権を安易に認めることは，同州における法人設立の法的利益を損ねるとも考えられる，この点については当然判決文には示されていないが何らかの考慮をしたのではないかと推測される。

　これといった産業のない同州は法人設立の費用および税収が主たる州の税源だからである。

　すなわち，当時から現在においても，多くの大富豪達はフロリダ州に居住して財産の一部を信託法人として税率の低いデラウェア州に設立することが見受けられる，本件は典型的な相続紛争を巡る裁判劇が対人管轄権に関する重要な解釈判断になる意図的な特権利用（Purposeful Availment）の原則を生み出したのである。

---

(6)　衡平法（Per strips）上の代襲相続による公平な遺産分配。

(7)　『アメリカ抵触法（上巻）』管轄権第 3 章　裁判所の管轄権，170 頁（註）19 において同様の指摘がなされている。詳しくは Hayward D. Reynolds, The Concept of Jurisdiction: Conflicting Legal. Ideologies and Persistent Formalist Subversion, 18 Hastings Const. L. Q. 819 (1991).

第 9 章　1970 年から 1980 年代の
連邦最高裁判例

1　Shaffer v. Heitner[8]

　この事件は，Hanson 判決以来，19 年後 Pennoyer 判決から 100
年後の 1977 年に連邦最高裁が下した裁判管轄権に関する重要な判
決であり，その後同最高裁は対人管轄権に関して多くの判決を下す
ことになる。この事例もデラウェア州の対人管轄権の存否が争点で
あった。この点は Hanson 判決と同様である。

　事実の概要は以下のとおりである。デラウェア州に登記簿上の
本社を置き，アリゾナ州において活動し，全米にバス運行網を持つ
Greyhound 社に対して株主代表訴訟がデラウェア州において提起
された。デラウェア州においては，非居住者である原告 Heitner は，
同州において Greyhound 社の取締役 21 名に対して，独占禁止法違
反で会社に損害を与えたとして取締役の忠実義務違反を理由に株主
代表訴訟を起こした。この提訴と同時に，被告取締役 21 名が所有
する同社の株式を差し押さえ，株主名簿に譲渡禁止命令を記載する
仮処分がおこなわれた。当時のデラウェア州によると，同州におい
て設立された会社が発行した株式の所在地は，株券がどこにあろう
とも，デラウェア州に存在するとみなされ，原告はこの差し押さえ
手続により，被告所有のデラウェア州内の財産を差し押さえたのと
同じ効果を生じさせた。この結果，被告取締役の現住所地に訴状が
送達されることになった。

---

(8)　433 U. S. 186 (1977).

83

VI International Shoe 判決以降の連邦最高裁判例

　デラウェア州最高裁は同州法の規定に基づき，被告全員に対して準対物管轄権[9]に基づき州の対人管轄権は行使できるとして被告の上告を棄却した。すなわち準対物管轄権については Harris v. Balk 判決[10]以来，被告の株式への差し押さえによる直接送達により，州の対人管轄権も同時に行使されるものと考えられていたことから，今回の事例も，事実上の直接送達と同じ効果をもたらすものとして，International Shoe 判決以来のミニマム・コンタクトの理論構成を

---

(9)　Jurisdiction Quasi in Rem.

　　無体財産（債権，株券，著作権）等の差押えを行使するための管轄権。Jurisdiction in Rem は土地建物等の有体物に対して差押えをおこなう管轄権であるが，現在では両者の区分は明瞭ではない。差し押さえる無体財産が訴訟の対象となる財産と関係をもたないことが，準対物管轄権の典型例である。

(10)　Harris v. Balk, 198 U. S. 215 (1905).

　　メリーランド州民の Epstein はノースカロライナ州民である Balk に対して300 ドルの債権を持っていた。同時に Balk は同じくノースカロライナ州民である Harris に対して 180 ドルの債権を持っていた。

　　Harris がメリーランド州に一時的に滞在中，Epstein は Harris が Balk に負っていた債務の 180 ドルについて，Balk に対して債権の一部の支払いを Harris に求める訴えを起こし，彼に訴状を送達した。Harris はこれらの手続きを争わず，Epstein に対して 180 ドルを支払った。

　　一方，ノースカロライナ州に戻った Harris は Balk から 180 ドル債務の支払いを求められる訴訟を起こされたが，彼は既に Epstein に Balk が負っていた債務の一部として弁済したと主張して争った。

　　これに対して，Balk は，メリーランド州は Harris に対しての対人管轄権を取得していないとして，メリーランド州判決は無効であると申し立てた。

　　最終的に，連邦最高裁は，メリーランド州は対人管轄権を取得しており，同州判決は十分な信頼と信用が与えられていると判断し，Balk の主張を取消した。債務を支払うという債務者の義務は債務者が行くところにおいて随伴しているとした。

　　この訴訟は債権に対する準対物管轄権訴訟でもあるが，債権，債務の存在する場所とはまったく関係ない法廷において管轄権が認められているが，結果的には Harris は二重払いすることなく公平な結果を導いている。

　　Shaffer 判決において，債務はその義務を負った債務者に随伴してどこにおいても管轄権を行使されるのではなく，その債務の訴訟原因が発生した州にミニマム・コンタクトが存在することが重要であるとした。

第 9 章　1970 年から 1980 年代の連邦最高裁判例

除外していた。これに対して，被告らは修正 14 条違反だとして連邦最高裁に上告した。

　連邦最高裁は，被告の上告を認めたうえで州最高裁判決を破棄した。

　T. Marshall 判事の法廷意見は，次のものである。「100 年前の Pennoyer 判決以来，被告への直接送達と財産の所在地における物件の差し押さえ手続に基づき対人管轄権は取得できるとしてきたが，International Shoe 判決において，対人管轄権に関してはミニマム・コンタクトに基づき，これを認定したことにより，この原則はくつがえされた。実際問題として，対物，準対物管轄権に関しても事実上の所有者への告知手続はおこなわれていた。今回の事例において，差し押さえ手続に基づき対物管轄権を取得し，その結果として（所有者へ告知がなされることにより），対人管轄権を取得できるという Pennoyer 原則の理論を破棄し，対物管轄権に関してもミニマム・コンタクトの原則を適用する」という判断を下した。

　その理由としては次のような意見を示している。International Shoe 判決以降，州におけるたんなる動産の存在のみでは，対人管轄権を認めるという判例の動向は終止符をうちつつあった。すなわち州裁判所の対人管轄権の行使には訴訟原因を発生させる人の活動としてのミニマム・コンタクトが求められ，その訴訟原因と直接的に関係がない動産の存在は州の裁判管轄権の行使の対象とはならないとした。対物，準対物管轄権に関する州裁判管轄権の認定の基準としては，International Shoe 判決におけるミニマム・コンタクト原則を採用することを連邦最高裁として全面的に支持したことになった。デラウェア州最高裁判所は，デラウェア州における上告人の財産権としての株券の存在に基づき対人管轄権を認めているが，この株券としての財産権は，今回の訴訟の争点ではなく，訴訟原因の主体となっていない。被上告人である株主 Heitner は，上告人で

85

VI International Shoe 判決以降の連邦最高裁判例

あるシィファーらがデラウェア州に何らかの個人的接触を持ってい
たかという事実を示していない。また，デラウェア州において被告
が関係したいかなる行為についての何らの訴訟原因も立証していな
かった。このような事実にもかかわらず，被上告人である Heitner
は，デラウェア州において設立された Greyhound 社は，デラウェ
ア州法人として，同州の管理，監督の下において，会社の利益につ
いて同州法上の取締役および役員の行為に対して保護することを義
務づけている。すなわち，上告人ら 7 人の取締役の独占禁止法違反
行為に基づく株主代表訴訟は会社への忠実義務違反行為であること
からも，同州において対人管轄権を行使するにおいて充分なコンタ
クトを持っていると主張した。しかし事実上，デラウェア法は，会
社への忠実義務として，上告人の地位ではなく，むしろ州内におけ
る上告人の財産の存否に，対人管轄権を基礎づけている。通常，株
主代表訴訟は仮差し押さえ手続によっておこなわれることが一般化
しているが，同州の仮差し押さえ法はこのような訴訟においては特
定の事項を表示せず特に法人とその役員を規制すること目的とした
ものでなく，非居住者へのいかなる訴訟においても通常使用されて
いるものである。会社への忠実義務は，同州内に存在する財産もし
くはデラウェア会社における利益を保全するために，会社の役員ら
が起こした問題から発生するのであり，株式の所有と会社への忠実
義務としての地位の保持との関係において，なんらの関係も求めら
れない。結論として，デラウェア州に，たんなる仮想現実において
存在しているかもしれない株券の存在[11]に基づいて，デラウェア州
において非居住者であり，同州に足を踏み入れたことがない上告

---

(11) 坂本正光『アメリカ法における人的管轄権の展開』(九州大学出版会，1990
年) 127 頁。
　　デラウェア州商法典 8 条 - 317 項によると株式の差押えは株券自体への執
行によって可能であった。

第9章　1970年から1980年代の連邦最高裁判例

人（被告）に対して，現在のデラウェア法の下において州の裁判管轄権を行使することはきわめて困難である。すなわち被上告人（原告）の主張を認めるためには，州の対人管轄権に同意することを条件として取締役の就任を承諾するという会社法の改正が必要となってくる[12]。この改正がない以上，差し押さえ手続に基づき，取締役の忠実義務違反を理由とする株主代表訴訟をデラウェア州において提起することは不可能である。被上告人（原告）が主張するように，単なる取締役の就任は，Hanson v. Denckla 判決におけるように，法廷地州においての上告人（被告）の意図的な同州における特権の利用とは認められないとした。この意見には Burger 主席判事，Stewart, White, Blackmun, Powell, Stevens 各判事も同意した。

　現実問題として，デラウェア州は，Greyhound 社が会社設立の登記のために利用したにすぎず，そこにはなんらの本社機能も存在していない。

　また，上告人（被告）らも，同州においてなんらの取締役としての活動もおこなっていない。また各種の権利の意図的な利用もまったくおこなっていない。このような事実関係から，デラウェア州において上告人（被告）についての州の対人管轄権を行使するためのミニマム・コンタクトの存在を見出せないことから，デラウェア州最高裁判決は，修正14条に基づき，州の権限における連邦憲法上の限界を逸脱し，違憲であると判断し，現判決を破棄した。

　この多数意見に対して Brennan 判事の一部不同意とする長文の

---

[12]　Shaffer 判決の後，デラウェア州は，不在の会社取締役を射程に入れるため対人ロング・アーム法を可決した。Armstrong v. Pomerance, 423 A. 2d 174. (Del. 1980). において，デラウェア州の裁判所は，被告たる取締役は，デラウェア州の令状に応答するよう求められる可能性があるという明示の制定法上の告知とともに，その取締役職の便益を受け入れたのであるという議論に基づいて，当該制定法を支持している。

　前掲書上巻　第3章裁判所の管轄権 67 頁註(5)参照。

Ⅵ International Shoe 判決以降の連邦最高裁判例

少数意見がある。同判事は，ミニマム・コンタクトの解釈について多数意見と異なる解釈を示した。それを要約すると「上告人であるGreyhound 社の取締役が，デラウェア州における州会社と長期間の関係を持ち，州法の保護および利益を求めて，同州と自発的に結びついていたという事実は重要である。その結果，州の規則および規定から由来する責任を引き受け，権限を行使し，同州法上に基づいて会社の職務から利益を得たということは，同州においてなんらかの行為を間接的であるにせよおこなったことはミニマム・コンタクトを認めるのに十分であり多数意見はことさらにその解釈を狭めている」との考え方を示した。

私はこの判例を再度，精読することにより，この判例の持つ法廷地選択の複雑さ，重要性をあらためて認識した。原告であるHeitner は，Greyhound 社とその取締役28 名が忠実義務違反を犯したとして株主代表訴訟を起こすにあたって，デラウェア州以外には，実質的な本社機能のあるアリゾナ州または反トラスト法違反に基づく罰金を支払ったオレゴン州等があげられるが，28 名の取締役に対して全員を一括して訴訟を提起できるのは，デラウェア州しか考えられない。デラウェア法に基づいて認められていることからも同州を選択したかもしれない。

デラウェア州において前役員および前取締役に対しての対人管轄権が認められないとすると，やはり本社機能が実質的に機能しているアリゾナ州において，かつて取締役として職務を遂行した関係からも充分なミニマム・コンタクトの要因となり，対人管轄権を行使できるのではないかと考える。

この Shaffer 判決を契機に，1987 年までの 10 年間に連邦最高裁は，様々な法律上の争点に関する対人管轄権の範囲の認定について判決を下し，1980 年の Rush v. Savchuk 判決[13]においては，Shaffer 判決の理論の下に対人管轄権を認めなかった。とくに後述

88

第 9 章　1970 年から 1980 年代の連邦最高裁判例

する製造物責任訴訟に関する判例は，重要な先例として下級審における判断基準の指針となった。

⒀　Rush v. Savchuk 444 U. S. 320（1980）.

インディアナ州民である Savchuk は，同じくインディアナ州民である友人 Rush の自動車に同乗中，この友人の過失により同州内において事故に巻きこまれ負傷した。

原告は友人の契約していた自動車保険に基づき保険会社に損害保険金の支払いを請求することになったが，同州の好意同乗車法に基づき，友人のゲストであった原告には支払請求権が認められなかった。そのため，原告はミネソタ州に移住し同州においても営業していた State Farm Insurance 社に対して，保険証券に基づく，保険会社と被告 Rush との間の同乗者としての損害賠償支払義務債権仮差押え手続きにより準対物管轄権を取得することによって Rush に対する対人管轄権認めるという同州最高裁判決が確定した。

これに対して，保険会社と Rush らは同州において対人管轄権を認めるためのミニマム・コンタクトが存在しないとして，Shaffer 判決の理論の下に連邦最高裁に上告した。

T. Marshall 判事の法廷意見（Burger 主席判事, Stewart, White, Blackmun, Powell, Rehnquist, 各判事同意）。

訴訟の主たる原因である自動車事故は，インディアナ州において発生して，事故当時，両当事者ともインディアナ州民であった。同州の好意同乗車法に基づき原告が同州において提訴できなかった。それによりミネソタ州に移住し，保険証券に基づき保険会社に対して保険代金の支払いの仮差押え訴訟をおこなった。同社に保険金代金の支払いを Rush に求めることは，単にミネソタ州において同じ保険会社が営業していることのみを根拠にしているからであり，原告と被告との間を結びつけるミニマム・コンタクトが存在しないことから，同社への原告による対人管轄権は認められない。同社への損害支払請求の仮差押えによる準対物管轄権の取得のみでは同社または Rush への対人管轄権は認められない。インディアナ州における保険会社がミネソタ州において営業していることは，単なる法的擬制であって同州において意図的な活動をしていることは認められないことからも，ミニマム・コンタクトの存在は認定できないとして，ミネソタ州最高裁判決を破棄した。

これに対して，Brennan 判事は被告である保険会社とミネソタ州との関係において，本来保険会社は全州的にサービス・ネットワークを持つことにより，その機能を充実させているものであり，単に法的擬制の下に存在しているのではなく，保険金支払請求訴訟を起こさせるという利害関係が存在する以上，ミニマム・コンタクトは存在すると述べた。また，Stevens 判事も保険会社という立場からも，全州的に訴訟を起こさせる関係がある以上，どこにおいてもミニマム・コンタクトは存在するという意見を述べた。

89

Ⅵ International Shoe 判決以降の連邦最高裁判例

2 Kulko v. Superior Court[14]

事実の概要は以下の通りである。

1959 年，上告人である Ezra Kulko は被上告人である元妻 Sharon Kulko Horn と徴兵中の一時的立寄り先であるカリフォルニア州において結婚し，その後，夫婦はニューヨーク州に居住していた。

1972 年，夫婦は子供達の授業期間中は夫と一緒に過ごし，長期休暇及び休日は妻と共に過ごすという別居合意書に正式に合意した。

妻はこの合意書の下にカリフォルニア州に移住し，その合意書をもとに，ハイチにおいて離婚判決を獲得した。

一方，夫は子供 2 人の内，1 人は妻と共に移住したため，もう一人の子供は父と共に暮らしていたが，元妻との生活を希望したため，カリフォルニア州への移住を承認して送り出した。これまでに夫は年 3,000 ドル養育費の支払いをおこなっていた。

もう 1 人の子供が妻の下で暮らすことになったことにより，妻側はハイチの離婚判決の承認と別居合意書に基づく養育費の増額及び全ての親権を獲得するための訴訟をニューヨーク州居住の夫に対してカリフォルニア州裁判所に提訴した。

夫側はカリフォルニア州において裁判をおこなうためのミニマム・コンタクトを欠いていることから，対人管轄権が存在していないとして，却下の申立てをおこなった。

同州最高裁判所は夫側の却下の申立てを認めなかったため，夫側は連邦最高裁に裁量的上告をおこない認められた。

---

(14)　436 U. S. 84.

T. Marshall 判事の多数意見 （Stewart, Burger, Rehnquist, Blackmun, Stevens 各判事も同意）

被告を法定地州において招喚するために，その州において，ミニマム・コンタクトが最低限度必要である。

ミニマム・コンタクトは Fair Play and Substantial Justice に違反していない範囲内に限られることが求められる。

被告（上告人）とカリフォルニア州とのミニマム・コンタクトは，原告（被上告人）側によれば，被告（上告人）が子供をカリフォルニア州に送り出すことに承認を与えたことが，カリフォルニア州においてのミニマム・コンタクトを生じさせていると主張していた。

しかし，上告人による承認行為は妻側からの別居合意書に基づく要求であり，夫の意図的な行為ではない。また夫はカリフォルニア州において何らの特権の利用も，法的保護も受けていないことからも，Hanson 判決において示されているように，相手方の一方的な行為のみによってミニマム・コンタクトを構成することはできない。

Maggie 判決においては，保険会社からの積極的誘因行為によってカリフォルニア州の居住者との間に保険契約を締結している。

このような行為は明らかに州際通商に基づく経済活動であり，カリフォルニア州において保険契約を獲得するためのダイレクトメールによる広告活動であることからも，意図的に同州において種々の権利を活用している。

両判決を比較してみても，夫側による1人の子供をカリフォルニア州へ送り出した行為が，同州においてミニマム・コンタクトが認められるような意図的な活動とみなされないことは明らかである。

子供の養育費の増額については統一扶養判決執行法[15]の下に，全

---

(15) Uniform reciprocal enforcement of support act.
　　1950 年に制定され，全州において採用されている。1968 年一部改正，扶養判決の執行をやりやすくなった。また，Uniform child custody jurisdiction

州において統一的な立法がなされており，法の内容について各々の州において差異がないことからも，容易に請求を執行できる。

ニューヨーク州は扶養支払義務者の住所地であり，別居合意書に基づく扶養料支払義務を合意した州でもある。

両当事者にとって，ニューヨーク州においての訴訟が最も適切な法廷地であり，被上告人（原告）は同州において訴訟を提起すべきだとまで多数意見は言及している。すなわち，ニューヨーク州において執行判決を獲得すれば速やかにカリフォルニア州において執行できるものであり，何らの訴訟上の不便さを強いるものではない。

Brennan，White，Powell 判事らの反対意見

上告人らが過去にカリフォルニア州に一時滞在した事実からも上告人（被告）と同州とのコンタクトが何んら存在していなかったとは言いきれない。

また，上告人が子供の1人を消極的理由であったとしても元妻側からの要求を承認して送り出した行為は Fair Play and Substantial Justice に反するものではないし，また，十分にミニマム・コンタクトが認められる意図的な行為であるとして，多数意見に反対した。

3 World-Wide Volkswagen Corp. v. Woodson[16]

事実の概要は次のとおりである。1976年，被告人であるハリーとケイ・ロビンスンは，上告人であるニューヨーク州マセナにあるシーウェイ・フォルクスワーゲン社から新車のアウディを購入した。翌年，一家はアリゾナ州に移住するためのニューヨーク州を出発し

---

act が1968年に制定され，1978年ほぼ全州において採用されている。

これらの統一法の下において子の監護権，および扶養料の請求，増額等が対人管轄権を有する裁判所において執行手続きが簡素化された。

(16) 444 U. S. 286 (1980).

た。途中のオクラホマ州において，他車に追突されアウディは炎上
し，家族三人が重傷を負った。

　ロビンスン氏は，オクラホマ州クリーク郡の地方裁判所に製造物
責任訴訟を提起した。被告は，メーカーである AudiNSU, Auto・
Union，輸入業者であるフォルクスワーゲン・アメリカ，地域販売
業者である World Wide Volkswagen 社と小売業者のシーウェイで
ある。

　製造会社と輸入業者は，対人管轄権に服したが，後の2社は限
定出頭し，オクラホマ州の対人管轄権を争った。製造会社と輸入業
者はアウディの燃焼システムとガソリンタンクの配置に欠陥がある
ことについて事実審で争う姿勢を示した。販売会社2社はニュー
ヨーク州において設立され，事務所を持ち，ニューヨークとニュー
ジャージー州およびコネチカット州において，主たる営業活動をお
こなっている。

　同社はフォルクスワーゲン社とは契約上において関係を持ってい
るが，独立した別個の法人格である。

　ミニマム・コンタクトの有無についてみると，被上告人である原
告は，被告（上告人）の2社がオクラホマ州において，製品の売買，
広告活動，訴状の受け取りの代理等をなしたという証拠を示すこと
はできなかった。同様に，両社によって売却された自動車が本件の
訴訟に争われている自動車以外に同州に入ったかどうかについて何
も示していない。このように上告人（被告）とオクラホマ州の間の
コンタクトの存在が不明確性あるにもかかわらず，オクラホマ州地
裁は上告人（被上告人）の請求は認めず，対人管轄権の存在を認めた。

　これに対して，上告人側は被上告人としてオクラホマ州地裁判事
Charles Woodson に対人管轄権を実行させないように，オクラホ
マ州最高裁に禁止令状を求めた。

　これに対して，同最高裁は，上告人に対する対人管轄権はロン

Ⅵ International Shoe 判決以降の連邦最高裁判例

グ・アーム法の下で正式に授権されたものであるとして，令状の発行を認めなかった。同最高裁は次のように述べている。

「流通，販売業者である上告人の2社は，オクラホマ州において同社が販売した自動車が使用されることについて予見することができた。また提供された証拠と事実によれば，同社がオクラホマ州において使用された自動車から収益を得ている。よって同社のオクラホマ州における対人管轄権を認める」。

この判決に対して，上告人である2社は，裁量的上告に基づき，連邦最高裁に修正14条違反であると申し立てた。同最高裁は，裁量的上告を認め，White判事は次のような法廷意見を述べた（Burger主席判事，Stewart，Powell，Rehnquist，Stevens の各判事が同意）。

「上告人は，オクラホマ州においてなんらの活動もしていないし，同州においてなんらの利益を得ていない，そして同州においていかなる特権も利用していないし，また，同州に到達するような継続した広告活動も営業活動もおこなっていない。そのうえ，オクラホマの市場に供給するために，上告人が他者を通じて間接的にでも，クラホマの住民または顧客に直接小売または卸売りにおいて自動車を定期的に売却していたという記録も見出せない。被上告人は，隔離された唯一の事故のみを対人管轄権の基礎とし，そこからいかなる推論も引き出すことが可能であるとしている。しかし，ニューヨーク州においてニューヨークの住民に売却された1台のアウディがたまたまオクラホマ州を通過中に，偶然に事故を起こしただけである。たとえ予見可能性は全体的には無関係であるとしても，予見可能性は適正手続の分析について重要である。すなわち，製品が法廷地州を通過中に見出されるというたんなる見込みではなく，むしろ，被告との接触行為が法廷地州に引き込まれるという確実な予測が必要である。なぜなら，秩序ある法の施行を保障することにより，適正手続条項に基づく行為が訴訟において責任があるかないかについて

94

第9章　1970年から1980年代の連邦最高裁判例

潜在的に存在する被告を再構成するために予見可能性の度合いを法制度に与えているからである。会社が法廷地州内においての活動を意図的に利用する時，そこにおいて訴訟に従属するという明確な通知があれば，保険に入ることにより，期待した顧客への負担を認めることにより，訴訟負担のリスクを軽減することができる。Audiと Volkswagen としての製品の売却がたんなる隔離した出来事として考えられないならば，他州における製品の市場に直接間接にたずさわっている流通業者または製造業者としての努力の結果から生ずるものである。もしその申立てによる欠陥商品が，その所有者または他者に損傷を与える原因であったならば，それらの州の一つにおいて訴訟に従属することは不合理なものではない。また法廷地州内においての消費者によって購入されるという期待を持って通商の流れの中に製品を投じている会社に対しての対人管轄権は適正手続の下に予見可能性を見出される。上告人である2社のうちの1社である Seway は，ニューヨーク州のマセナに販売活動を限定し，もう1社のワールドワイドは，ニューヨーク，コネチカット，ニュージャージーの3州に限定しており，この3州以外に自動車を売却したという記録も見出せない。この事実は，上告人は全米の通商の流れの中に製品を投じていないことからも，予見可能性の下に適正手続条項に基づくミニマム・コンタクトを法廷地州に見出せない。

　また被上告人による事故は被上告人の一方的な行動の結果であり，法廷地州とのコンタクトを確立させることはできない。上告人が被上告人にニューヨーク州において自動車を売却し，実質的収益を得たという事実関係からは，オクラホマ州において意図的活動をしたとは認めがたい。ゆえに上告人に対するオクラホマ州の対人管轄権を認めるコンタクトは極めて脆弱であるために認められない」とした。また「合衆国憲法が連邦制度をとっている以上，他州への裁判管轄権の行使には限界がある」とした。

95

VI International Shoe 判決以降の連邦最高裁判例

さらに被告を不便かつ遠隔な法廷に召喚するための負担に対して
ある程度の保護が必要であることから,「単純にミニマム・コンタ
クトの認定だけでなく,その認定について適正手続条項の下で,よ
り慎重に判定しなければならない」とし,Pennoyer 判決において
示されているように「各州は国際公法の平等の国家主権を有する準
国家的存在として位置づけられている以上,州の主権を他州に及ぼ
す場合には一定の限界がある」としている。それゆえに「その州が
争訟を解決するために適用すべき法について強い利益を持っていた
としても,また訴訟にとって最も便利な法廷地であっても,適正手
続条項の下,州際連邦制度の下では対人管轄権の行使には歯止めが
かかる」としている。

このように White 判事は,連邦制度の下で,ミニマム・コンタ
クトの存在だけで裁判管轄権の行使を認めれば,それを無限に拡大
することになると論じている。これらの理由に依りオクラホマ州最
高裁判決は破棄された。

この多数意見に対して Brennan 判事は有力な反対意見を次のよ
うに述べている。

「オクラホマ州は法廷地として強い利益を有している。原告で
ある被上告人は現地の病院に入院しており,事故にかかわる証
人・証拠はオクラホマ州に存在していることからも,審判は他の
いかなる場所よりもオクラホマ州でおこなわれる方が効率的であ
る。多数意見は,法廷地州において消費者により,購入されると
いう期待を持って通商の流れの中に製品を投じることにより,間
接的にその州にたずさわる流通業者に対人管轄権を認めているが,
憲法上の規定(修正 14 条)からは,流通の連鎖を通じて遠隔地の
州に到達する商品を含む事例と消費者がその商品をそこに持って
いくことにより,同一州に到達した商品を含む事例との間を区別
することは困難であると考えられる。また自動車の特性からは,

96

第9章　1970年から1980年代の連邦最高裁判例

業者の販売網の外において運転されるという予見可能性は充分に認識できるものであり，売主である販売店および流通業者は，通商の流れの中に意図的に商品を投入したと考えられることからも，オクラホマ州において上告人に対して対人管轄権を認めるに充分なコンタクトがある」。Blackmun, Marshall 両判事も同意した。

　確かに，Brennan 判事の意見には説得力があり，事故発生地における裁判は最も効率的な紛争解決地とも考えられる。しかし実際にはすでに原告はオクラホマ州の対人管轄権に服したドイツの製造会社アウディとアメリカ合衆国の輸入元ニュージャージー州法人フォルクスワーゲン・アメリカとの間では製造物責任基づく損害賠償請求訴訟の実体審理を開始されようとしていた。両社は原告がニューヨーク州民であることからオクラホマ連邦裁判所に州籍相違による移送を求めた。これに対して原告はニューヨーク州法人の地域の小売店，流通業者を損害賠償の請求対象とすることにより，完全なる州籍相違が成立させないことよりオクラホマ州裁判所への移送の申立てを求めたが，両社に対する対人管轄権が認められなかったため却下された。これによりオクラホマ連邦裁判所により審理が開始された。

　これは明らかに，連邦裁判所もしくは州裁判所のどちらにおいて訴訟を提起するかは原告・被告の双方の利害関係において異なる場合が多い。州籍相違が完全に成立していても当事者同士が同意すれば州裁判所においても訴訟を提起できることから，この要件は絶対的なものではない任意的なものである。

　原告にとって連邦裁判所か州裁判所のいずれかの選択は重要な利害関係を持ち，その選択を誤るとその判決に大きな影響を及ぼす可能性が出てくる。製造物責任訴訟に基づくこの訴訟において，ニューヨーク州民である原告は，オクラホマ州地方裁判所[17]において主たる当事者であるアウディ社に対する訴訟のみでは州籍相違が

97

Ⅵ International Shoe 判決以降の連邦最高裁判例

成立し，アウディ社より連邦地裁への移送が申し立てられ認められ
てしまうため，本来，損害賠償請求の主たる当事者ではないニュー
ヨーク州法人の小売業者シィウェイ・フォルクスワーゲン社およ
びニューヨーク地区のディストリビューターである World Wide
Volkswagen 社を共同被告として訴えることにより，州籍相違を成
立させないことにより，連邦地裁への移送の申立てを阻止しようと
試みた。

　結果として，前述したように，2 社に対するオクラホマ州への対
人管轄権は認められず，州籍相違が成立し，アウディ社は連邦地裁
への移送が可能になった。その結果として，連邦地裁における民事
陪審は 1982 年 1 月，アウディ社への製造物責任を認定せず，原告
の追突による過失により生じたものとして，被告側勝訴判決を下し
ている。

　すなわち，オクラホマ州のクリーク郡裁判所とオクラホマ州連邦
地方裁判所とでは必ずしも同一地域から陪審員を選抜しないものと
考えると，その判断について相違がみられる可能性があるかもしれ
ない。

　私の推測するところ，判事の訴訟指揮が異なることから，陪審
の判断に変化が出てくるのではないかと思われる。このように訴訟
の優先的訴訟提起権を持つ原告は自分の利害に沿って州裁判所もし
くは連邦裁判所に提起できることから，被告側は対人管轄権を争っ
てまでも不利な裁判所への移送を避けるのである。これも一つの
Forum Shopping と考えてもよいのではないだろうか。連邦裁判所
は，一般的に懲罰的損害賠償または大企業の製造物責任に関して比
較的中立的であり，原告の請求に同情的かつ感情的な評決に対して
判事による訴訟指揮により，極力それを防止しようとしている。こ

⒄　藤田泰弘「第 5 回米連邦最高裁の判決文鑑賞」国際商事法務 31 巻 6 号 281
　　号（2003 年）。

のような連邦裁判所もしくは州裁判所のいずれかの選択は原告・被告にとって大きな利害関係が生ずることから，連邦裁判所への移送を避けるために意図的に販売子会社を巻き込んで対人管轄権を争った。これは法廷地としてのオクラホマ州連邦地裁を避ける以外のなにものでもないことである。すなわち損害賠償請求の主体はアウディの米国輸入総代理店であり，販売子会社ではないのである。おそらくこの事故の被害者（原告）がオクラホマ住民であれば，対人管轄権は争われず，米国輸入総代理店のみを被告とし，州籍相違事件として連邦裁判所において審理されたはずである[18]。

　最終的に，審理は事故発生地であるオクラホマ州においておこなわれるために証拠収集，証人に関しても問題は発生しない。

　今まで述べてきた判例からも推測できるように，連邦最高裁はその事例の背後関係その他の資料もかなり考慮に入れて判決を下しているのではないかと考えられる。いわゆる情状酌量または条理によるともいうべき配慮があったと考えられる。またこの判決は対人管轄権の拡大を推進してきた連邦と州の裁判所に一種の歯止めをかけた判決と言われている。しかし，一方で潜在的な意味においては連邦裁判所への移送を防ぐために対人管轄権の縮小をねらったものであり，本質的な意味において原告（被上告人）側が州の対人管轄権を争ってまで州裁判所において審理するほうが有利になると判断したものと考えられる。個人的見解としては対人管轄権の拡大に歯止めをかけた判決とみなすことに違和感を覚える。

4　Burger King Corp. v. Rudzewicz[19]

ミシガン州民である会計士 Rudzewicz はデトロイト市を含む地

---

[18]　ジェイ・ホフマン　尾崎哲夫訳『アメリカ市民の法律入門』108 頁（自由国民社，2004 年）においてこの判決について詳細に説明している。

[19]　471 U. S. 462（1985）.

99

域において Burger King の店舗を開くために同社との交渉を開始した。Rudzewicz らは営業を行うための申請書をミシガン州の同社営業本部に送り，同営業本部はその申請書をフロリダ州，マイアミの本社に送った。その後，Rudzewicz らは交渉の結果，ミシガン州の Drayton Plains にある既存レストランの営業を引き受けることで契約が成立した。契約において，20年間のフランチャイズ期間を定めた。その契約内容において，フランチャイズフィー，レストラン賃借料，宣伝費，販売促進費を合計して100万ドルを支払うことに合意した。

またレストランの営業については Burger King 社による附合的な内容の規則に従うこと，および何らかの法的紛争時においては，フロリダ州法の適用に従うこと等も合意内容に含まれていた。Rudzewicz らはこのレストランの経営が行き詰まったため，フランチャイズフィー等の支払いができなくなった。これに対して，フランチャイジーである Burger King 社は契約の破棄と営業の終了を求めたが拒否されたため，同社は州籍相違に基づきマイアミ連邦地方裁判所に契約違反とトレードマークの不正使用に基づく不法行為による損害賠償請求訴訟を起こした。同地裁は，被告らの対人管轄権不存在による却下の申立てを却下し，25万ドル損害賠償を認める敗訴判決を下した。

これに対し，第11巡回区控訴裁判所は地裁判決を破棄，被告による対人管轄権の却下の申立てを認めた。これにより，原告は連邦最高裁に上告してこれが認められた。

Brennan 判事らの多数意見

同判事は被告側からの上告を棄却した。

被告（上告人）Rudzewicz らは積極的にフロリダ社の Burger King 社との取引を自ら進んでおこなっている。この事実は Burger

King 社という全米にチェーン店を所有する会社のフランチャイズ店となることからフロリダ州の本社と実質的な契約をおこなっている。この行為は一種の被告側からの誘因行為であり，McGee 判決にみる保険会社の行為と同様であると考えられる。

　また，ミシガン州においての契約の締結は単なる形式的なものであり，実質的にはフロリダ州の（原告）指示のもとにおこなわれていることからも，被告がミシガン州においてなされた取引として予見するものではない。

　最も重要な要因としたものが，法選択条項である。同判事はHanson 判決において法選択条項は対人管轄権を認めるための重要な要因であるとする少数意見を述べている。

　しかし本判決において，被告がフロリダ州法を紛争時において適用するとした条項に同意したことは，同州において訴訟を起こされること，また同州において利益と保護を利用すること等を相当程度予見できたとしている。また公平性についても，Burger King 社とのフランチャイズ契約が，附合契約としての一方的押しつけとの指摘に対して，被告は会計士として弁護士との協議のもとに契約を締結していることから，公平の原則には反しないとした。これらの理由により控訴審判決は破却されるとした。

Stevens, White 両判事の反対意見

　公平性（Fairness）について，両判事は多数意見には同意できないとした。被告らはミシガン州の地域本部との取引を念頭において契約したものであり，マイアミ州の本社とはかなり限定的な関係をもったにすぎないとしている。被告らは当然，ミシガン州においての訴訟を予見していたと考えられる。通常のフランチャイズ店において遠隔地での訴訟は負担が大きいものになることは明らかである。

　また，このフランチャイズ契約は Burger King 社側に有利な

条件が含まれている典型的な附合契約で，法選択条項を含ませることで同社に有利な法廷地を選択させるものである。事実，もしBurger King 社がミシガン州において訴訟を起こした場合でも州籍相違となるから，連邦裁判所に移送できる。その点について問題はない。

この訴訟は典型的な特定的対人管轄権の事例である。ミシガン州で発生した契約違反と不法行為の発生が，フロリダ州における訴訟をミシガン州民の被告に対して対人管轄権を認めさせたことである。

また，契約における合意管轄がミシガン州法で認められないことから，フロリダ州法を選択するための条項を締結したようである[20]。

5 Asahi Metal Industry Co. v. Superior Court[21]

事実の概要と判旨を以下に述べる。

この事件に関する 1987 年の判決は，製造物責任訴訟に関する対人管轄権について，より明確な基準を示し，他の対人管轄権訴訟における認定基準として適用されるようになった。

事実の概要は以下のとおりである。1978 年 9 月，Zurcher はホンダ製のモーターサイクルを運転中にコントロールを失い，前方のトラクターに衝突した。この事故により，同乗中の妻が死亡し，自身も負傷した。

1979 年，Zurcher はこの事故の原因は，モーターサイクルの空気圧の減少による後輪タイヤの破裂であり，原因はタイヤチューブとその密封に欠陥があるとの申し立てに基づき，Zurcher は台湾のチューブ製造会社の Cheng Shin 社を訴えた。また同時にタイヤメーカーのダンロップ社と小売店等に対しても訴訟を提起した。

一方，Cheng Shin 社は同時に日本のチューブバルブ製造会社

---

[20] 『アメリカの抵触法（上）』第 3 章 93 項。
[21] 480 U. S. 102（1987）.

第9章　1970年から1980年代の連邦最高裁判例

Asahi Metal 社（以降 Asahi 社と略す）に対して交差訴状[22]の形式で
求償を求めた。

　その後，原告である Zurcher は Cheng Shin 社およびタイヤメー
カー，小売店等と和解し，損害賠償を得て訴訟を取り下げた。この
結果として，Cheng Shin 社と Asahi 社間の訴訟が残り，両者の争
いはカリフォルニア州最高裁まで最終的にもつれこんだ。

　Asahi 社は日本においてタイヤバルブ・アッセンブリーを製造し，
その製品は台湾における Cheng Shin 社に売却され，その製品は
日本から台湾に船積みされた。Cheng Shin 社はこの製品をタイヤ
チューブに組み入れて 1978 年から 1981 年にかけて平均 27 万個の
Asahi 社製タイヤバルブ・アッセンブリー組み込んだタイヤチュー
ブを台湾から海外に輸出していた。この輸出品の 20％がアメリカ
合衆国向けであった。

　Cheng Shin 社側弁護士によると，カリフォルニア州のソラノ郡
において売却されたタイヤチューブは 115 個で，そのうち 97 個が
日本，台湾製であった。またその中に 21 個のバルブが Asahi 社製
であり，そのうちの 12 個が Cheng Shin 社によって組み込まれた
ものであることが非公式に確認された。

　　この事実から Cheng Shin 社は，Asahi 社が Cheng Shin 社に
売却したバルブアッセンブリーがアメリカ合衆国のカリフォルニア
州に到達するということを十分に認識していると主張した。これ
に対して Asahi 社の社長は，口述宣誓書において，台湾の Cheng
Shin 社への限定的なバルブの売却によってカリフォルニア州にお
いて訴訟に巻き込まれる結果になることはまったく予測していな
かったと述べた。

　同州最高裁は，「Asahi 社は同州にいかなる事務所も代理人も設

_____

[22]　Cross complaint. 被告自身に対して訴状を示した共同被告に対して示す訴
　　状。台湾の会社から日本の会社にたいする一種の求償訴訟。

103

Ⅵ International Shoe 判決以降の連邦最高裁判例

置せず，いかなる財産も所在していない。また直接的な売買または業務の誘引行為もおこなっていない。さらに同社はカリフォルニア州にバルブアッセンブリーを運ぶため，いかなる流通経路においてもかかわっていない。しかし Asahi 社は，タイヤバルブがカリフォルニア州において売却されるということを認識していたこと，そして同社の製品が組み込まれた製品から間接的に利益を得ていたこと，また同社は台湾の Cheng Shin 社にその構成部品を引き渡すことによって通商の流れの中にその構成部品を意図的に置いたこと等々である，その結果，その構成部品の一部が最終的にカリフォルニア州において使用されるという認識を持ったことは，適正手続条項の下，州の対人管轄権の基礎となりうるに十分である」として，Asahi 社へのカリフォルニア州対人管轄権の行使を Cheng Shin 社に認める判決を下した。これに対して，Asahi 社は連邦最高裁に裁量的上告をなし，これが認められた。

　判事全員一致の意見の下，上告人に対するカリフォルニア州の対人管轄権の行使はフェアプレイと実質的正義の理念に反し認められないとし，カリフォルニア州最高裁判決を破棄した。しかし，ミニマム・コンタクトについて，O'Connor 判事の見解と Brennan 判事らの見解は二分された。

O'Connor 判事執筆による同数意見 （Rehnquist 主席判事，Scalia，Powell 各判事が同意）

「州最高裁は，World Wide Volkswagen 事件の解釈において，単に通商の流れの中に商品を置くことにより，流通の経路に乗って最終的に到達した場合は，対人管轄権を実行できるとし，多くの連邦および州裁判所の基準となっている解釈に基づいて判決を下している。我々の見解は，ミニマム・コンタクトの認定のために必要な法廷地州と被告との間の実質的な接触は法廷地に向けて被告が意図的

第9章　1970年から1980年代の連邦最高裁判例

に指示した行為によって生じるべきなのであって，たんに通商の流れの中に商品を置くことは被告の行為が法廷地州に向けて指示した行為ではない。被告の付加的な行為とは，法廷地州の市場に係わり合いを持つ目的の意図を示すことである。例としては，法廷地州における市場のための製品を企画すること，法廷地州内において宣伝すること，法廷地州内において顧客に定期的に製品に関する情報を与えるための経路を確立すること，法廷地州において売買の代理人としてたずさわることに同意した流通業者を通じて，その製品を市場に託すること等である。通商の流れを通じて法廷地州に製品を入り込ませるという被告の認識は，流通の中にたんに商品を置く行為を法廷地州に向けて意図的に指示した行為に転換されることはない。被上告人（Cheng Shin 社）は，Asahi 社の行為がカリフォルニア州の市場を意図的に利用したという事実を示していない。また Asahi 社はカリフォルニア州に財産も事務所も代理人も置いていない。広告活動および積極的なビジネスの誘引活動もしていない。そのバルブを同州にもたらすための流通制度を使用していないし，管理もしていない。この事実関係から，同州においてのミニマム・コンタクトを認定すべき上告人の活動は見出せない」としてこの争点についても同州最高裁判決がミニマム・コンタクトを認めたことは適正手続条項に反するとした。

　また，O'Connor 判事らの意見は以下のような5原則を示した。

　次に，合理性の基準（reasonableness）すなわちフェア・プレイと実質的正義に関しての基準である5原則に基づき以下のような判断を示している。

　この5原則とは，①被告の裁判における防御についての負担の程度，訴訟費用の増加，法廷地州（国）への出廷における費用，米国外の外国会社の場合には莫大な翻訳・通訳費用等もかかる。②その争訟を解決するため，当該州（国）が正当な利益を持っているか。

105

Ⅵ International Shoe 判決以降の連邦最高裁判例

当該州が他州よりもその争訟を解決するための法的利益を持っていることの妥当性とくに陪審裁判の実施について当該州において正当性を持つ場合。③原告が当事者として訴訟を起こさなければならない必要性，原告の訴訟費用の負担の増大，原告が他州においての裁判にかける費用の負担等も含む。④最も効率的な争訟解決地，事故発生地，証拠，証人が所在し，その訴訟を解決するための裁判が最もやり易い法廷地。⑤関係する当該州（国）の主権における利害の調整。公共政策上に関係する問題。適用法規に関する利害関係上の問題。関係する訴訟が付随的に関係してくる国または州の利益。この原則については後述する。

被告（上告人）Asahi 社は，日本の本社とカリフォルニア州裁判所との間を往復させられ，また外国の司法制度の下で，台湾の Cheng Shin 社との争いを同州の裁判所の下に巻きこまれている。このような事実についてみると，被告の負担は相当重大なものである。

Asahi 社に対してカリフォルニア州の対人管轄権に関する原告（被上告人）と法廷地の利益もまたわずかなものである。この求償請求に関しての取引は台湾においてなされたものであり，Asahi の部品は日本から台湾に船積みされたものである。

最も重要な点は，Cheng Shin 社が台湾または日本よりもカリフォルニア州においても求償請求訴訟を起こすことが同社にとってむしろ便利であるいうことを証明しなかったことである。

次に法廷地州の利益については以下のように述べている。

原告である被上告人がカリフォルニア州の住民でないことは同州における法的な利益をかなり減少させた。同州最高裁は外国の製造業者が州の安全基準に応ずることを確保することによって，州は消費者を保護する利益を持っていると主張したが，Asahi 社と Cheng Shin 社との間の争点は安全基準よりもむしろ求償関係の問題が主

第 9 章　1970 年から 1980 年代の連邦最高裁判例

要である。カリフォルニア州最高裁は法廷地州の利益をかなり広く
考えすぎている。また日本企業と台湾企業が台湾において締結した
売買契約から生じた紛争に関する求償請求訴訟にカリフォルニア州
の不法行為法を適用すべきかどうかの問題も明確ではない。また本
件の主たる原告であった Zurcher は和解により，この訴訟から離
脱したことも，カリフォルニア州民保護という法廷地法上の利益も
喪失している。

　各州（国）間の利益を考慮にいれ，紛争の効率的な司法上の解決
を推進すること。連邦および国の実質的手続的利益は特定の事件に
おける管轄権の主張についての合理性を慎重に審理することである。

　本件事例は各州，各国の利益を考慮に入れてみると，必ずしもカ
リフォルニア州における裁判が最も効率的な司法制度による紛争の
解決地とはみなされない。結果として，外国人被告に重い負担を課
すことからもカリフォルニア州の対人管轄権行使は認められないと
して，連邦最高裁は同州最高裁判決を破棄した。

　この意見に対して，Brennan, Marshall, Blackmun, White の
各判事は O'Connor 判事のミニマム・コンタクトに関する解釈に対
して一部異なった見解を示し，同意しなかった。

　O'Connor 判事の意見は，適正手続条項に一致させるために対人
管轄権の実行を認めるためには法廷地に差し向けられた付加的な行
為を原告が示す必要があるとしたが，これを示す必要はないと考え
る。通商の流れは予想した流れであり，製造業者，流通業者，小売
業者へと予想された規則的な流れである。通商の流れの中に商品を
置いた被告は，法廷地州の小売から経済的な利益を得ており，そ
して商業活動を規制し，それを促進する州法から間接的に利益を
得ている。これらの利益は関係者が法廷地州において直接的に業
務をおこなうかどうか，その州に向けて指示された付加的行為に
おいて従事したかどうかにかかわらず，生ずるものである。結論

107

Ⅵ International Shoe 判決以降の連邦最高裁判例

として，Brennan 判事らの意見は被告が法廷地州において広告活動，営業所の設置，代理人の選定，流通経路の設定，製品の企画デザイン等の付加的行為がなくとも，通商の流れの中に商品を置くことにより，結果として利益を得ているから予見可能性があり，ミニマム・コンタクトを認定できるとしている。また Stevens 判事は独自の見解として，すでにフェア・プレイと実質的正義に基づく Reasonableness（合理性の基準）の判断として被告企業への対人管轄権行使が認められない以上，ミニマム・コンタクトの判断は必要ないとの前提の下に，被告企業が数年間，台湾の企業を通じて2年間10万ユニット以上の商品を流通させた以上，当該の行為が意図的な目的に基づき市場に参入していることからミニマム・コンタクトが認められるとして，Brennan 判事らの意見に近い立場をとった。

すなわち，Brennan 判事らの意見は事故の被害者であるカリフォルニア州民 Zurcher が仮に共同被告として Asahi 社を直接訴えた場合はミニマム・コンタクトが存在するとして同社への対人管轄権は認められる立場と推論される。

O'Connor 判事が執筆した5原則理論は対人管轄権を判断するための重要な解釈基準となった。一方において，ミニマム・コンタクトに関する判事の意見は完全に二分されたため，その後下級審においてオコナー理論と Brennan 理論で判決が分かれる傾向がみられた。他方において，Reasonableness に基づく判断は，ほぼ全員一致の判断であることから今後，対人裁判管轄権に関する規定は，この Reasonableness に基づく5原則がミニマム・コンタクトを認定するための重要な判断基準となったことが示された判例ともいえる。また，この5原則はフォーラム・ノン・コンビニエンス（不便な法廷地論）の法理と密接な係わり合いを持っている。次にこの5原則についてさらに詳細に述べる。

この5原則は Gestalt Factor[23]と名づけられた。この原則の解釈

がいかようにでも裁量できる柔軟性をもつことに由来しているかもしれない。

この原則は第1巡回区控訴裁判所において使用され，Ticketmaster v. Alioto 事件[24]およびその他の多くの対人管轄権訴訟の判断基準[25]として用いられている。

この GestaltFactor の日本語訳は情状論的要素という名訳がある[26]。

次にこの5原則がどのようなものであるかについての分析をおこなう。

第1原則　被告が防御をおこなうための負担割合について

本来の意味において，被告が法廷地に出頭するための負担とは，不法行為発生地においての原告の訴訟の提起に対して，その地域

---

[23]　本来はドイツ語であり，形態というような意味をもつ，英訳された意味は経験的事実の総和から導きえない統一性という非常に哲学的な意味をもつが，この5原則の呼称としては適切である。

[24]　26F. 3d 201（1st Cir 1994）.
　　名誉毀損訴訟において被告に対しての Massachusetts 州の対人管轄権を否定。

[25]　Foster-Miller, Inc. v. Babcock & Wilcox Canada 46F. 3d 138（1st Cir 1995）.
　　企業秘密に関する協定の違反に基づく訴訟における被告への Massachusetts 州の対人管轄権を肯定。
　　Sawtelle v. Farrell 70 F. 3d 1381（1st Cir 1994）.
　　弁護過誤に基づく訴訟において，被告への New Hampshire 州の対人管轄権を否定。
　　United Elec. Workers v. 163 Pleasant Street Corp 987 F. 2d 39（1st Cir 1993）.
　　健康保険の支払いに関する連邦労働法違反の訴訟に対して，被告である Scotland の会社への Massachusetts 州の対人管轄権を肯定。
　　Pritizker v. Yari 42F.3d 53（1st Cir.1994）.
　　ホテルの所有権をめぐる契約違反訴訟において，被告に対する Puerto Rico 準州への対人管轄権を肯定。

[26]　藤田泰弘『日/米国際訴訟の実務と論点』169 頁。

VI International Shoe 判決以降の連邦最高裁判例

が遠隔地である場合，被告にとってそこに出頭することが大きな負担となることが一般的な事例であったが，近年，不法行為発生地が外国である場合，原告が被告の住所地において訴訟をおこす事例において，たとえ，不法行為発生地が被告にとって遠隔地であっても，証人の存在，証拠の収集等の理由から，裁判手続の迅速化を促がすためにも，FNC の法理の抗弁により，住所地での裁判を拒否する傾向が強い。

これは一種の Forum Shopping（法廷地漁り）[27]とも考えられ，自国での裁判によって多額の損害賠償を求められることを避けるための方便である。

このような前提に立つと，被告にとって有利か不利かがその負担の度合を決定する要因であり，慣習，言語，訴訟費用等は付随的な要因であると考えられる。

以上の理由からも，被告の負担の程度について当事者間の争訟が州際間か外国間かにおいてかなりの差異が生ずる問題であることは確かである。

第 2 原則　紛争を裁定するための当該州（国）の利益

法廷地にとって紛争を解決するための具体的な利益とは抽象的かつ不明確な問題である。例として，非居住者間の訴訟は法廷地州の州民が関係していないことからも当該州は何らの利益を生じていない。Asahi 事件，Helcol 事件とも非居住者間の訴訟であるとして，法廷地州においての対人管轄権の存在を否定している。とくに，Helcol 事件においては，次のようなアンダーライング・ポリシーが存在したのではないかということである。

「物を定期的に買いにくる客は大切にしなさい」と述べた

---

[27]　単なる法廷地漁りではなく，被告側による積極的な法廷地の忌避による場合が多い。

第9章　1970年から1980年代の連邦最高裁判例

Brandeis 判事の家訓（1923年の Rosenberg Bros & Co 判決）に従うと，自社使用のヘリコプターの80パーセントをテキサス州から購入している。大切なお客さんである Helcol 社に対して，その購入関連の州内活動のために対人管轄権を行使するならば，もう誰もテキサス州で製造された製品等を買いにきてくれなくなるという。アメリカ製品販売の海外戦略上の政策的配慮があったことがこの判決のポイントであるとしている[28]。

　しかし，両判決とも，州最高裁[29]においては被告への対人管轄権を認めていることは，当該州の最高裁よりも連邦最高裁の方が積極的に法廷地州の利益を考慮していることになる。おそらく，私のまったくの個人的見解であるが，連邦最高裁はアメリカ合衆国全体の利益として，純粋な法律解釈だけでない政策的解釈も考慮したのではないかと推察している。

第3原則　適宜かつ効果的な救済を得るための原告の利益

　原告にとって，もっとも有利な判決を得やすい場所がもっとも効果的，便宜的な法廷地である。

　便宜的な側面から考察すると，原告の住所地，事故発生地等があげられるが，より多額の損害賠償額を得られることが効果的な救済と考えると必ずしもこの二つの地域とはかぎられない。しかし，前述したように，原告にとってもっとも有利な法廷地を選択したとしても，米国においては FNC の法理に基づき却下される事例が多い。

　また，とくに出訴期限法に関する問題は，ある特定の州のみしか提訴できない事例において，その州における，わずかなミニマム・

---

[28]　藤田・前掲書146頁。

[29]　連邦裁判所間は連邦民事訴訟法1404条（a項）に基づいて移送される。
　　　米国の裁判所と外国の裁判所との間は FNC の抗弁に基づいて却下される。
　　　あまり例がないが，州裁判所間においても FNC の抗弁により却下され，その後，適切な法廷地とみなされる場所において新たに提訴することになる。

III

Ⅵ International Shoe 判決以降の連邦最高裁判例

コンタクトに基づいて訴えを起こすことは原告にとって大きな利益をその州に有するが，後述するように，Fair Play and Substantial Justice に基づく合理性のテストに反し，対人管轄権は認められない可能性がある。

このような考察から，この原則は被告の防御の負担との利益衡量によって，もっとも微妙な調整を要する問題である。

結論として，原告は訴訟提起による法廷地の選択の優先権をもっているのであるから，慎重にこれらの要素を考慮して選択すべきであろう。

第4原則　もっとも効果的な紛争解決を得るための裁判制度の利益

紛争解決のためのもっとも効果的な法廷地はその事件に関してもっとも顕著な関係をもつ州（国）であるという法の選択の理論を適用するのも一案である。事件の性質によって異なるが，不法行為であれば，事故発生地が証拠，証人，証言等の問題から提訴の進行上，有利であることは前述したとおりである。

結果として，この原則は他の原則との調整によって裁判所自体が判断するもっともかかわりの深い原則である。とくに，製造物責任訴訟においては，原因発生地か結果発生地かにおいて，その事故原因の裁判について，どちらがもっとも効果的な裁判がおこなわれるかについて多くの論議があるところである[30]。

---

[30]　製造地（原因発生地）と事故発生地（結果発生地）とを峻別することは難しくなってきている。

　とくに，製品が高度な技術を用いている場合には，単に，事故発生地における証拠の収集，証人の証言だけでなく，製造地における，製造工程の検証も必要になってくる。

第5原則　実質的社会政策を推進するための各州（国）の共有の利益

　この原則がもっとも分かりにくい原則である。各当事者の利害関係の調整に基づいた自州（国）民の保護策，各州（国）の共通の政策に関係する訴訟。および，各州（国）の主権に関する問題，各州と連邦憲法上に関係する問題等が含まれ，この原則が具体的に抵触する事例は単なる民事訴訟以外の問題も包含されている。

　これらの5原則が Gestalt Factor と名づけられた裁判管轄権と法廷地の選択のための基準であるが，依然として，その漠然性，曖昧性は Gestalt という言葉の意味どおりである。しかし，これらの5原則は従来のミニマム・コンタクトおよび Purposeful Availment という抽象的な判断基準よりも，やや，具体的にその認定をおこなえるのではないかという方向性を示している。

6　5原則からみた判例動向

　次に Gestalt Factor に基づいて対人管轄権を肯定した事例と否定した事例について述べる。

(a)　Nowak v. Tak How Investments 事件[31]

　まず，最初に，事実関係について説明する。マサチューセッツ州の住民である Nowak は妻と一緒に会社の業務上の旅行において，香港の Holiday Inn に宿泊していた。原告は頻繁に当地を訪問し，今回の滞在中において，彼の妻が同ホテルのプールを使用中に溺死した。この事故において原告である Nowak はマサチューセッツ州連邦地裁に Holiday Inn の親会社である香港法人の Tak How Investments を不法行為に基づく損害賠償請求訴訟をおこした。こ

---

(31)　94F. 3d 708 (1th Cir. 1996).

Ⅵ International Shoe 判決以降の連邦最高裁判例

れに対して，被告である親会社は対人管轄権（特定的対人管轄権）の不存在と，FNC の法理に基づいて，同州における訴えの却下の申立てをおこなった。

連邦地裁はこの申立てを却下し，被告側は控訴したが，次の理由により現判決を確認した。原告が勤務している会社と香港のHoliday Inn は継続的な宿泊関係によって特別な料金設定契約を締結していた。これは単なる一時的な宿泊という関係でないことは明らかである。また，この親会社は Holiday Inn の名前によって，米国内および国際的な規模においての宣伝活動をおこなっている。とくに，マサチューセッツ州においては1万5千人の顧客リストに基づいて郵便物によって同ホテルへの宿泊勧誘キャンペーンをおこなっていた。

さらに，この親会社と原告の雇用会社は継続的な商取引関係をもっていた事実において，この会社の従業員の家族がこのホテルを使用し，プール使用時において事故が発生するだろうという予見可能性の認識をもったとしてもおかしくはない。この事実からは事故死の訴訟原因とこの従業員の雇用会社へのホテルの親会社による誘因行為との間の接点は不法行為上の Proximate Cause（直接原因）[32]を構成しないが，重要な結びつきを示していることは確かである。

次に Purposeful Availment（意図的利用）の要素については，前述したように，被告は原告の雇用会社と継続的な取引関係にあり，

---

[32] 結果をもたらす行為が法的にみて相当な関係があったとされること。この事件において，被告の行為に基づく訴訟原因とマサチューセッツ州とのコンタクトは不法行為法上の相当因果関係が存在したとはみなされないが，裁判管轄権上，とくに特定的対人管轄権においては訴訟原因となる行為と結果の発生においてある程度の因果関係が必要であるとしているが，その要件は実体法上における解釈よりもゆるやかにおこなうべきであるとしている。この問題はあくまでも手続法上における対人管轄権の認定であり，実体法上の不法行為の認定をおこなうべき性質のものではないからである。

114

多くの利益を得ている。また、同州において宣伝活動により、積極的に顧客の勧誘活動をしている事実からも、積極的に特権を利用していることは明白である。

これらの諸活動から同州において意図的な諸権利の利用は認められるとしている。

次に、実際にどのように Gestalt Factor がこの事例に適用されているかについて説明する。

(1)　The Burden of Appearance（出頭の負担）

被告にとって、事故発生地であり、住所地である香港において訴訟を遂行せず、原告の住所地において訴訟をおこなうことは、遠隔地への出頭という大きな負担を負うことは明らかである。この意味において、この原則は被告に有利に作用する。

(2)　Interest the Forum（法廷地の利益）

訴訟における争点を解決するためのもっとも効果的な法廷地の選択を意味している。

この事例においては、もっとも重要な法廷地の利益を有するところは、事故原因の発生地である香港である。しかし、マサチューセッツ州も同様に被告との間において多くの利害関係を有している事実からも法廷地としての利益をもっていると考えられる。

このように考えていくと、両者とも対等の利害関係が存在しているように思われる。

(3)　The Plaintiffs Convenience（原告の利益）

この事例において、原告にとってもっとも効率的かつ便利な法廷地はマサチューセッツ州であり、同州は原告の住所地であり、訴訟を遂行するうえにおいて、もっとも負担の少ない場所であることは明確である。

Ⅵ International Shoe 判決以降の連邦最高裁判例

また，とくに，1997年の香港の中国返還以後における司法制度への不安は原告にとって法廷地としてのマサチューセッツ州の選択を非常に重要な利害関係を有する問題であるとみなされる。

⑷　The Administration of Justice（司法制度における行政調整）

もっとも効率的な紛争解決をはかるためのおのおのの司法制度における利害関係の調整。

この事例において，香港における裁判とマサチューセッツ州における裁判において，どちらがより効率的に紛争解決をはかれるかについての問題は事故発生地である香港が証人，証拠，実況検分等の訴訟を進行するための合理的な条件は整っている。

一方のマサチューセッツ州は証人，証拠，実況検分等について，その訴訟費用の負担が増すことなど裁判の効率性に問題は生じてくる。

しかし，これらの事情を鑑みても，香港の中国返還にともなう司法権の独立等の裁判への信頼性への懸念が原告にとって非常に大きな不安要素だとすると，同州においての裁判が原告にとって大きなウエイトをしめることとなり，効率性との比較考量をしても，原告の立場は重視されるべきであるとしている。

⑸　Pertinent Policy（適切な公共政策）

実質的な社会政策を促進するための関係する州（国）の共通の利益に基づいての法廷地の選択。この原則は第4の原則とも緊密に関連している。香港にとって観光産業の保護が重要政策であるとすると，香港が法廷地となることがこれらの産業の保護政策にもつながる。

マサチューセッツ州にとっては自州民保護政策が重要な政策であるとすると，前述したように，香港返還後における裁判において自州民が不利な取扱いを受ける不安定要因があるかぎり，同州での裁

判が自州民保護政策上の共通の利益となるとしている。

結論としてGestalt Factorに基づく対人管轄権の存否の解釈は原告であるNoawkに対して有利な解釈を示している。この認定における重要なポイントは何度も述べているように香港の中国への返還である。この返還に基づく，香港の司法制度の独立性がどの程度保障されるかの不安定要因が代替的法廷地としての香港を忌避させた最大の理由として考えられる。もし，香港の中国への返還という前提がなければ，また，異なった解釈も可能であったかもしれない。FNC（不便な法廷地）の抗弁の却下理由はGestalt Factorの解釈に従った対人管轄権の不存在を認めた同じ理由に基づいている。

すなわち，実質的にGestalt FactorはFNCの法理が組みいれられていることからも，すでにその理由は十分に説明されているので，次のように簡単に説明する。

香港の代替的法廷地としての認定は将来の政治的不安定性，司法権の独立性の保持の問題等を考慮すると，原告であるNoawkに対して公平・公正な裁判を保障しえない可能性がある。このような公的利益は原告のマサチューセッツ州での裁判を正当化する十分な理由であり，被告側の同州が不便な法廷地であるとする抗弁を却下する十分な理由があるとしている。

次にGestalt Factorに基づいて対人管轄権を否定した第二巡回区控訴裁判所の判例について述べる。

(b)　Metropolitan Life Ins. Co. v. Robertson-Ceco. Corp. 事件[33]

ニューヨーク法人であり，全国的規模において営業を行うMetropolitan Life Ins. Co.（Metlife社）はデラウェア法人で主にペン

---

(33)　84 F. 3d 560（2nd Cir. 1996）同様な判例として，Keeton v. Hustler Magazine, Inc 465 U. S. 770（1984）事件がある。ニューヨーク州に居住する原告がHustler社を名誉毀損で訴えをおこそうとしたが，すでに，この雑誌が発行

VI International Shoe 判決以降の連邦最高裁判例

シルベニア州において営業をおこなう Robertson Ceco 社と契約違反と過失に基づいて損害賠償請求訴訟をバーモント州連邦地裁に次の理由によりおこした。原告である Metlife 社はフロリダ州のマイアミにおいてのビル建設にともない，このビルのカーテン・ウォール・システムを施行した被告である Robertson 社を同システムの設計および施行上の過失，契約上の不実表示にともなう原因により，同システムを作動することによって周辺設備等に多大な損害が生じたとしている。これに対して被告会社は同州における対人管轄権の不存在を理由に訴えの却下を申し立て，同連邦地裁がこれを認めた。

原告側は控訴し，第2巡回区控訴裁判所は次のような判決を下した。

この事例においての重要なポイントは原告が唯一バーモント州においてのみしか訴訟を提起できなかったこと[34]にある。同州は被告会社が1987年から1993年の間において，同社の総売上高において400万ドルを計上し，多くのカタログ販売，宣伝活動をおこない，一時的には会社の登録し，税金の支払いも行われていた。また，同州において多くの従業員を雇用し，営業活動の拠点のひとつとなっていた。

されている州において，ニューハンプシャー州のみ出訴可能であった。このため，同州における訴訟は，実質的にその雑誌が販売されているという事実関係が存在することから，対人管轄権を認める合理的な理由があると判断した。この事件とは正反対の結論をだしているが，訴訟と法廷地州との間に実質的関係が存在すれば，このような理由に基づいても，対人管轄権が認められる上記のような事例もある。

[34] この訴訟において，有効な対人管轄権を取得できる可能性のある州としてバーモント州のみが，6年という他州に比較して長い出訴期限をもっている。出訴期限に関する問題は訴訟の結果に対して決定的な効果をもたらすために，手続問題でなく実体問題としてとらえることから連邦民事訴訟法を適用せず，各州の出訴期限法に従うことになる。

Hanna v. Plumer 380 U. S. 460 (1965) Guaranty Trust Co. v. York 326 US. 99 (1945).

第9章　1970年から1980年代の連邦最高裁判例

　これらの事実からも，同州と被告会社は組織的，継続的な関係を有しており，これらの諸活動を通じて十分にその特権を利用している。これらの理由からも，同州に一般的対人管轄権[35]としてのミニマム・コンタクトが存在していることは明らかである。

　一方，連邦地裁は原告が提訴した1993年の1年間のみの期間を被告会社の活動期間と認定し，1987年からの6年間の活動を全体的に認定しなかったことにより，その活動を組織的，継続的とみなさなかったため，ミニマム・コンタクトの存在を否定した。

　しかし，訴訟原因が他所において発生したが，法廷地と被告とを関連づける十分な要件が存在する場合にはミニマム・コンタクトを認定するという連邦最高裁[36]の判例からも十分に同州においての被告の行為にミニマム・コンタクトが認められると判断した。次にReasonableness（合理性）の観点からGestalt Factorに基づいて分析すると，同州にミニマム・コンタクトが存在したとしても，Fair play and Substantial Justiceの概念に同州に基づくと被告への対人管轄権は行使できないとして以下のような解釈を示している。

第1原則　Burden of Appearance（被告の出頭にともなう負担）

　被告会社にとってバーモント州はかつて営業活動をおこなっていたが，現在は何らの拠点もなく，営業活動もおこなっていない。

⑶5　一般的対人管轄権とは継続的，組織的な活動，いわゆるDoing Business．および，住所，居所，州内での取引行為，契約の履行，代理人の指定，同意，訴状の手渡し等の一般的，常識的な要件である。特定的対人管轄権はロング・アーム法に基づいての対人管轄権の行使であり，その州内での一時的な行為が意図的になされたかどうかを基準にしている。とくに，不法行為において，訴訟原因と管轄要因との関係において，ある程度の因果関係をもとめられる。この両者の区別はその事件の性質上によって，境界線が曖昧な側面があり，峻別することは容易ではない。昨今，この両者を意識的に区別してきている判例もでてきている。坂本正光『アメリカにおける人的管轄権』明治学院大学法学研究66巻（1997）206-211頁においてよく説明されている。

⑶6　Perkins v. Benguet Consolidated Ming Co., 342 U. S. 437 (1952).

Ⅵ International Shoe 判決以降の連邦最高裁判例

また，訴訟原因はフロリダ州において生じていることから，証人，証拠記録等は何ら存在していない事実からも被告の同州への出頭は多少とも負担をともなう行為であることには違いない。

第 2 原則　Interest of the Forum（法廷地の利益）

法廷地州であるバーモント州にとって原告と被告の間の争訟を解決するための何らの利益をもたないことは明らかである。

両者とも同州にとっては非居住者[37]であり，訴訟原因も他州で生じている事実からも何らの利益も法廷地州にもたらさない。

第 3 原則　Interest of Plaintiff（原告の利益）

この事例において，原告にとってもっとも効率的かつ便宜な法廷地はバーモント州しか存在しないことは同州以外に訴訟を提起できないという特殊要因があるからである。

原告は出訴期限法という法選択の問題から法廷地の選択，対人管轄権の行使をおこなったことは裁判管轄権に関する問題をより複雑にし，ゆがめることとなり，結果として，被告にとって基本的に不公正に原告の選択した法廷地を強要することになる。

第 4 原則　Efficient Administration of Justice
　　　　　　（司法舗度の効率的運用）

裁判所にとってもっとも効率的に裁判手続が進行する場所がもっとも利益を有するこのことからも，証人，証拠その他の記録等が効率的に準備できる結果発生地がもっとも適切であることは明らかである。本件の場合はフロリダ州がこれに充当することは当然である。

---

(37)　被告は訴訟開始時においては居住者であったが，現在は非居住者，原告もニューヨーク法人であり，バーモント州においても何らかの営業所を有すると推測されることから完全なる非居住者ではない。

第9章　1970年から1980年代の連邦最高裁判例

第5原則　Pertinent Policy（適切な公共政策）

この原則は関係する州における社会政策上の共通の利益に関する問題であるが，本件における両当事者にとってこの原則に関連する問題は生じていない。

結論として，出訴期限法のみを理由としての提訴は，たとえその州にミニマム・コンタクトが存在したとしても，Reasonableness Test（合理性のテスト）に基づいて Fair Play and Substantial Justice の要件の基準（Gestalt Factor）に反するものとして，一般的対人管轄権の行使は認められないものとしている。この結論は Asahi 事件におけるブレナン判事らの相対的意見であるミニマム・コンタクトと Fair Play and Substantial Justice の概念を分離して解釈した対人管轄権を認定するという考えに近い。

一方この3名の判事の多数意見に対して，1名の判事の反対意見がある。

この意見は多数意見と同じく，結論としては一審判決を確認することに同意している。

多数意見が Reasonableness Test（合理性のテストおよび Gestalt Factor）に基づいて対人管轄権を認定しているのに対して，単純に FNC の抗弁により不便な法廷地として却下，移送するのがより明確ではないかと述べている[38]。

(c)　**Ruston Gas Turbines Inc v. Donaldson Inc Corchran Inc Third-party Defendant-Appellee**[39]

Ruston Gas Turbines 社（Ruston）はテキサス州法人である。同社はデラウェア法人で，ミネソタ州において主に営業活動をして

---

[38]　拙稿「アメリカ合衆国における適切な法廷地の選択のための新原則の動向」国際商事法務　Vol. 27, No. 9（1999年）1008-1012頁。

[39]　9 F. 3d 415 (5th Cir 1993).

VI International Shoe 判決以降の連邦最高裁判例

いる Donaldson 社に，ガスタービンエンジンの売買と製造において，製造物責任と保証契約の違反に基づいて，損害賠償請求訴訟を起こした。これに対して，Donaldson 社は Ruston 社に売却したガスタービンエンジンの構成部品を製造する下請契約をおこなっていた Corchran 社に対して損害賠償を請求する第三当事者訴訟を起こした。

　Corchran 社は Donaldson 社との下請契約は全て，ミネソタ州においておこなわれており，テキサス州においては何らの行為を，直接的にも間接的にもおこなっていないし，Ruston 社との間においても直接的に何らの取引関係は存在しない。単に該当する部分を Donaldson 社にミネソタ州から FOB に基づいて発送しただけである。

　これらの理由により，同社はテキサス州における対人管轄権を欠くとして，第三当事者訴訟の却下の申立てをおこなった。

　連邦地裁はこれを認めたことにより，第 5 巡回控訴裁判所に控訴し，これが認められた。控訴審は次のような判断を示した。

　すなわち，被控訴人である Corchran 社の活動が流通の市場に積極的に参入しているかいないかが，ミニマム・コンタクトを認める重要な争点となった。

　Corchran 社社は 1977 年から 92 年まで 15 年間に渡り 211 個の部品等をテキサス州において 44 の異なった会社等に船積契約して売却している。また同社の社員が Donaldson 社の社員と一緒に Corchran 社の製品について顧客サービスに対応している。

　また，欠陥があると訴えられた空気調整装置は，Ruston 社のための製品を製造するための注文契約による特定製品である。

　Corchran 社に Ruston 社に特定製品を間接的であれ売却することによりテキサス州において何らかの問題が発生することも予見可能性として認識していた。

第9章　1970年から1980年代の連邦最高裁判例

　このようにCorchran社は，直接的なコンタクトをテキサス州と持たなくとも，間接的ではあるが，継続的にコンタクトを同州と持っているとした。

　第5控訴裁判所はAsahi判決で示された5原則を柔軟に解釈している。

　法廷地州の市場に参入する意図を持っていることは継続的な取引関係から明らかであり，また，法廷地州への製品について注文契約を受けており，その州の企業の下に製品を企画している。法廷地州において製品の広告はしていないが，顧客への定期的な製品についての何らかのサービスを行っていることも認められる。また，販売代理人を通じて製品を売却している等，これらの事実に基づいて，同控訴裁判所は原告らの控訴を認めて，連邦地裁判決を破棄した。

　第5控訴裁判所はこのような独自の流通の流れに関する原則を打ち立て，Asahi判決で示された実質的附加行為について，より幅広く解釈し，法廷地州との製造会社のコンタクトを結びつける何らかの行為が存在していれば対人管轄権を認めるという理論である。

　しかし，このコンタクトの量というものについては事実関係によって異なってしまっているが，Asahi判決およびWorld Wide Volkswagen判決との中間地点と考えるのが正当かもしれない。

　この判決は製造物責任における第三者の人的損傷についての不法行為責任でなく，契約上における第三当事者としての製造物責任を契約上のWarranty（保証責任）の下に契約責任がテキサス州において存在するとして，その事実関係により対人管轄権が認められるとした。これは，実質的にこの装置の欠陥により第三者が損傷を負った場合には同様に不法行為上の責任を認めることになる。

　この判決は製造物責任に関するAsahi判決以降に示した対人管轄権に関する重要判例である。

　Gestalt Factorに基づいての対人管轄権訴訟の判例について，否

123

定，肯定の3判例を分析して，この原則が今までの法理論に基づく解釈と比較して，より多角的，緻密な分析によりその判定を下している。同時に，FNCの法理を合体させることによって，対人管轄権の認定と同時に法廷地としての存在を認めさせようとしたことは画期的である[40]。

今後，この原則が混迷の中にある法廷地の選択および対人管轄権訴訟において重要な役割を果たすことは，従来よりも，その認定をより制限的にしつつあることは確かである。

しかし，曖昧性は依然として残るが，整合性はやや明確になってきている。

この事実から，原告は訴訟提起の場所についてある程度の予見可能性を認識したうえで選択できる。すなわち，原告自らが法廷地の選択をふるいにかけることによって，このような争いを防ぐことができれば，乱訴の防止および訴訟手続の迅速化を推進できる可能性もある。連邦最高裁によるこの5原則に基づく新たな判断が期待されている。

7 連邦巡回区控訴裁判所における5原則の判例動向

第1巡回区連邦控訴裁判所が統轄する区域はメイン，ニューハンプシャー，マサチューセッツ，ロード・アイランドの各州とプエルトリコである。この巡回区において O'Connor/Asahi（以下5原則）については賛否両論であり，対人管轄権の認定についても，肯定，否定と分かれている。控訴裁判所において対人管轄権を認めた判例としては次の事例である。Benitez-Allende v. Alcan Aluminio Do Brazil, SA[41]この判決の内容は以下のとおりである。

---

[40] テキサス州最高裁 Cook 判事も同様な意見を述べている。江泉・前掲書178頁。

[41] 857 F. 2d 26, 35 (1st Cir. 1988).

第9章　1970年から1980年代の連邦最高裁判例

　ブラジル製圧力鍋の製造会社はアメリカ合衆国のほとんどの地域においてこの製品を販売しているが，アメリカ合衆国における裁判を避けるため仲介業者による販売を行っていたが，プエルトリコにおいて人的傷害事件が発生し，損害賠償を請求されたことに対して，同裁判所はブラジルの製造会社がプエルトリコにおいて，取扱業者を監督するための販売代理人を雇っているという事実から対人管轄権は認定できると判断した。

　これに対して，the United Electrical, Radio & Machine Workers of America v. 163 Pleasant Street Corp. 判決[42]において，年金共済の支払いについての子会社の瑕疵について，外国の親会社に対して訴訟を起こした事例において，親会社の業務はアメリカ合衆国における業務を取り扱っている子会社と区別して，親会社は法廷地において何らの仕向けられた行為はしていないとして親会社への対人管轄権を否定した。

　連邦地裁において，マサチューセッツ連邦地裁がSullivan v. Lease way Transp. Corp. 判決[43]において，独立した販売業者を通じての部屋材料を売却したドイツの製造業者に対してVolkswagen判決の解釈理論からこの業者への対人管轄権を認めている。

　また，U. S. Rose Homes, Inc. v. United State Mineral Prods, Co. 判決[44]において親会社である製造会社がアメリカ合衆国内にある子会社との間に市場拡大のための販路に関係する会社の創設に関しての販売合意書の存在によって親会社への対人管轄権を認めている。

　一方，ロード・アイランド連邦地裁においてはEastland Bank v. Mars bank for Savings 判決[45]において，受益者としての法廷地の

────────────

[42]　960 F. 2d 1080 (1st Cir. 1992).

[43]　1988 U. S. Dist. LEXIS l4530 (D. Mass. 1988).

[44]　1987 U. S. LEXIS 15333 (D. Mass. 1987).

[45]　749 F. Supp. 433 (D. R. I. 1990).

125

Ⅵ International Shoe 判決以降の連邦最高裁判例

銀行を名宛した信用状の発行のみに基づいた対人管轄権の行使を拒否している。このように第1巡同区の裁判所は対人管轄権に関する判決について肯定，否定にかかわらず，必ずしも5原則に従っているとはいえない。また，対人管轄権を認める根拠としてO'Connor判事の意見に従っているとも思われないことから，結論として同巡回区は5原則を積極的に採用しているとは考えられない。

第2巡同区連邦控訴裁判所はニューヨーク，バーモント，コネチカットの3州を統轄している。同裁判所は対人管轄権に対して幅広く認める傾向が強いように思われる。

A. I. Trade Finance, Inc. v. Petra Bank 判決[46]において，同控訴裁判所は以下の理由によりニューヨーク州への対人管轄権を認めている。国際的融資契約に基づき，指定された期日にスウェーデンの会社に対してニューヨーク州において金銭の支払いを約束したギリシャの会社がヨルダンにおいてその支払いを保証した約束手形を回収するための訴訟において，同州において被告側の意図的な指示があったことを理由としている。

連邦地裁段階において，Perfumer's Workshop, Ltd. v. Roure Bertrand du Pont, Inc. 判決[47]においてニューヨーク南部地区連邦地裁は新しい香水の開発に関する争点についての契約違反，独禁法違反，詐欺を理由にスイスの製造会社への訴訟に対して同社がニューヨーク州において香水の船積，銀行融資等のいかなる行為も行っていないことから同州への対人管轄権は認められないとして5原則を採用した。

しかし，全体として，5原則を採用しない傾向が強いように思われる。ニューヨーク州東部地区連邦地裁は DES 訴訟[48]において5

---

(46)　989 F. 2d 76 (2nd Cir. 1993).

(47)　737 F. Supp. 785 (S. D. N. Y. 1990).

(48)　789 F. Supp. 552 (E. D. N. Y. 1992).

第 9 章　1970 年から 1980 年代の連邦最高裁判例

原則を採用することにより独立した仲介業者を通じて薬品を取り扱わせることによって外国の製薬会社の責任を回避させることはその会社を結果として保護することからも，集団的薬害訴訟については集団的不法行為による特別な状況にあることからも特別な原則を用いることが必要であるとして 5 原則の採用を認めず同社への対人管轄権を認めている。

　また，同じくニューヨーク南部地区連邦地裁は Editorial Musical Latino Americana, S. A. v. Mar Int'l Records, Inc. 判決[49]において，原告側の著作権侵害に対する訴えに対して被告のフォノレコードの製造会社に対する対人管轄権をワールド・ワイド事件の通商の流れの理論によって認めている。同様に，コネチカット州連邦地裁はフランスのミネラル・ウォータ製造会社であるペリエ社に対する訴訟において[50]，同社がアメリカ合衆国内における販売網に基づいてその市場を拡大していることから，同州における対人管轄権の存在を認めている。これらの判例からも第 2 巡回区は O'Connor 理論の適用に対してはあまり積極的でないことからも Worldwide Volkswagen 判決の通商の流れの理論に従っている傾向が強い。

　第 3 巡回区控訴裁判所はペンシルベニア，ニュージャージー，デラウェア，バージン諸島を統轄している。同巡回区控訴裁判所は Asahi 判決以前の Max Daetwyler Corp. v. Meyer, 判決[51]において，ドイツの医療用ナイフ製造会社に対する特許違反事件に対する対人管轄権を否定している。連邦地裁のレベルにおいても同様な傾向が見受けられる。

　ペンシルベニア州西部地区連邦地裁は Soupart v. Hooei Kogyo Co. 判決[52]において，日本のホウエイ工業が製造した食肉切断機の

---

(49)　829 F. Supp. 62 (S. D. N. Y. 1993).

(50)　754 F. Supp. 264 (D. Conn. 1990).

(51)　762 F. 2d 290 (3rd Cir. 1985).

Ⅵ　International Shoe 判決以降の連邦最高裁判例

欠陥によってペンシルベニア州内において負傷した原告は同社を製造物責任訴訟に基づく損害賠償請求を提起した。この訴訟に対する判決は以下のとおりである。この製品は本来，東京工業という会社の製造であり，ホウエイ工業は同社の子会社のひとつであり同社から委託を受けてその製品を製造したことである。また，この製品は何社かの仲介会社を通じて同州において売却され，原告の雇主である東京工業の子会社において使用されていた。これらの事実関係からホウエイ工業は同州において何らの意図的な行動をしていないことからも同社への対人管轄権は認められないとして5原則に従った判決を下している。同州東部地区連邦地裁は同様に McElroy v. YokotaCycle 判決[53]において，日本の自転車製造会社である横田自転車がオハイオ州の会社の仕上書に従って同社のカリフォルニア州における関連会社との仲介契約においてその自転車を販売していた。原告はその自転車をオハイオ州において購入し，ミネソタ州において使用中に負傷した。原告は自身の住所地であるペンシルベニア州において製造物責任訴訟に基づく損害賠償請求訴訟を起こしたが，同州は被告である横田自転車にとって何らの関係をもたないが唯一同社のカリフォルニア州の関連会社がペンシルベニア州との間に無料電話による通信販売取引の関係が生じていた。しかし，単にそのような取引関係だけでは同州において意図的な行為をしていたとは判断できないとして同社への対人管轄権の認定を拒否した。また，他の判例においても5原則に従って国際的な製造業者への対人管轄権を認めていない。このように，第3巡同区は明確に5原則に従って対人管轄権のゆるやかな認定をしていないことは明白であるが，反面5原則に従った実質的な要因がある場合には積極的に対人管轄権を認めている。

---

(52)　770 F. Supp. 289（W. D. Pa. 1991）.

(53)　1993 U. S. LEXIS 3834（E. D. Pa. 1993）.

第9章　1970年から1980年代の連邦最高裁判例

　第4巡回区控訴裁判所はメリーランド，バージニア，ウエスト・バージニア，ノース・カロライナ，サウスカロライナの各州を統轄している。

　同控訴裁判所はFederal Ins. Co. v. Lake Shore判決[54]において次のような判決を下している。原告はサウス・カロライナ州の港において船舶を製造中において何らかの装置の欠陥によって負傷したため船と船のウインチの製造業者に対して製造物責任訴訟を起こした。これらの製造業者はウィスコンシンとミシガンの会社であるがサウス・カロライナ州には従業員の派遣および広告をしたことのみがあげられる。これらの製造業者と同州との実質的なコンタクトはこの製造中の船舶が同州の港に停泊しているという事実だけであり，また，この船舶は独立した別個の業者によって同州に曳航されてきたことである。これらの事実から製造業者がサウス・カロライナ州において意図的，実質的な行為をしたとは認定できないとして同州への対人管轄権を認めることを拒否した。

　第4巡回区はまだ多くの判例がでていない状況から判断がしにくいが，これらの先例から推測すると5原則に従う傾向が強いように思われる。

　第5巡回区控訴裁判所はテキサス，ルイジアナ，ミシシッピの各州を統轄している。同控訴裁判所はIrving v. Owens-Corning Fiberglas Corp. 判決[55] と Bean Dredging Corp. v. Dredge Tech. Corp. 判決[56]において対人管轄権を承認していることからも，5原

---

[54]　886 F. 2d 654（4th Cir. 1989）.

[55]　864 F. 2d 383（5th Cir. 1989）. ユーゴスラビアの鉱業会社からアスベストを購入した同国の貿易会社がテキサス州の会社にこのアスベストを売却し，そこで働いていた従業員がこのアスベストの毒性により病気になった事例において，同裁判所はこのユーゴスラビアの貿易会社が同州において15年間も取引関係があったという事実から通商の流れの理論を適用し，原告側による同社へのテキサス州への対人管轄権を認めた。

VI International Shoe 判決以降の連邦最高裁判例

則の採用を拒否している姿勢は明確である。

Gulf Consolidated Services, Inc. v. Corinth Pipeworks. S. A. 判決 [57]において同控訴裁判所は次のような判決を下している。

三つの異なったテキサスの会社を通じて売却されたギリシャ製のパイプを購入した原告はこのパイプの欠陥によって経済的損失を被ったとしてこのギリシャの会社に対してテキサス州において損害賠償請求訴訟を起こした。被告の会社はそのパイプがテキサス州に送られるものであることを認識していたが，支払いの受領，製品の引渡しを含むすべての取引行為は同州において実行されなかった。しかし，その製品をテキサス州において引き渡すという期待をもって通商の流れの中に置いているならば対人管轄権を同州において認定するに十分であると判断した。

一方，同控訴裁判所はワールド・ワイド事件の原則を採用し対人管轄権を拒否している判例もある。Smith v. Dainichi Kinzoku Kogyo Co. 判決 [58]において次のような判断を下している。日本の旋盤製造会社がその製品を日本の商社に売却して，最終的にその商社の米国の子会社に輸出されて，カリフォルニア州にある小売店に売却された。この店でこの旋盤を購入した原告はこれをテキサス州に持ち帰り，そこでの使用中において，その製品の何らかの欠陥により負傷したことから，この日本の製造会社に対して損害賠償請求訴訟を起こした。これに対して同裁判所は次のような判決を下している。この製品はテキサス州においてほんの数例使用されているし，同州において多少の宣伝を行ってはいるが，この日本の製造会社の製品はテキサス州との間において販売の連鎖を通じてその製品がテキサス州において販売されていない。このような事実関係からも同

---

(56)　744 F. 2d 1081 (5th Cir. 1984).

(57)　898 F. 2d 1071 (5th Cir. 1990).

(58)　680 F. Supp. 847 (W. D. Tex. 1989).

社はテキサス州において法廷地としてのコンタクトが存在していない，すなわち，通常の期待をもってその製品を通商の流れの中に置いていないことからも，同社への対人管轄権の存在を否定した。

第6巡回区連邦控訴裁判所はミシガン，オハイオ，ケンタッキー，テネシーの各州を統轄している。5原則の適用については賛否両論であり，その認識については必ずしも一致していない。

第6連邦控訴裁判所は二つの判例において独立した仲介業者を通じてのその州への行為は対人管轄権のコンタクトを構成しないとして5原則を採用していたが[59]，Tobin v. Astra Pharmaceutical Products, Inc. 判決[60]において，独立した仲介業者を使用しても対人管轄権の免除にならないとして，全米においてその薬品の販売占有率をもち，連邦食品医薬品局（FDA）の承認を得た子会社の製造物責任に対して，親会社である外国の製造会社に対する対人管轄権は認められると判断し，5原則を採用していない。同様に，Mott v. Schelling & Co. 判決[61]においても，アラバマ州の販売会社を通じて売却されたのこぎりに対する製造物責任訴訟においてオーストリアの製造会社に対する対人管轄権を認めている。また，他の2件の判例において，1件は対人管轄権を認定し，もう1件は否定している現状から第6巡回区はどちらかといえば5原則採用には積極的ではないが，全面的に否定しているとも思えないことから中立的立場をとっているように思える。

第7巡回区連邦控訴裁判所はイリノイ，ウィスコンシン，インディアナの各州を統轄している。とくに，この7区はイリノイ州に関する判例が多く5原則よりも Volkswagen 判決の原則を採用す

---

[59]　R. L. Lipton Distribution Co. v. Dribeck, 811 F. 2d 967（6th Cir. 1987）. Conti v. Pneumatic Prods. Corp., 977 F. 2d 978（6th Cir. 1992）.

[60]　993 F. 2d 528（6th Cir. 1993）.

[61]　1992 U. S. App. LEXIS 13273（6th Cir. 1992）.

Ⅵ International Shoe 判決以降の連邦最高裁判例

る傾向が強い。控訴裁判所のレベルにおいて，Dehmlow v. Austin Fireworks. 判決[62]においては次のような判決を下している。

花火の点火の誤爆によって負傷した原告がウィスコンシン州の法人である花火製造会社に対して製造物責任訴訟を起こした。これに対してウィスコンシンの花火製造会社はイリノイ州における対人管轄の不存在を主張したが，その製造会社がその花火をイリノイ州外で売却したという事実関係を見いだせないことからも，同社がその製品をイリノイ州に持ち込んだという事実関係を認定したことは，通商の流れの Volkswagen 事件の原則から対人管轄権を認定している。また，Amoco Cadiz 判決[63]おいて，船舶の操縦装置の欠陥によってその船舶が沈没し，大規模な海洋汚染が生じたことにより，この操縦装置の外国の製造会社に対してイリノイ州においての海　事訴訟において，同社への対人管轄権を認めている。連邦地裁レベルにおいては，イリノイ州南部地区連邦地裁は Soper v. Jurid Werke GmbH 判決[64]において，ドイツのブレーキ製造会社への対人管轄権を5原則により拒否している。また，Hollister, Inc. v. Coloplast A/S 判決[65]においても，デンマークの子会社の特許違反事件において親会社への対人管轄権を拒否している。同様に，Winsen v. Sumitomo Yale 判決[66]において，日本のフォーク・リフトの部品製造会社への製造物責任訴訟において同州において意図的な行為がなかったとして対人管轄権を否定している。

一方，Haedike v. Kodiak Research, Ltd. 判決[67]では，大量の製品の売買を任せている代理店を利用している外国の製造会社への対

[62]　963 F. 2d 941 (7th Cir. 1992).

[63]　954F. 2d 1279 (7th Cir. 1992).

[64]　1990 U. S. Dist. LEXIS 10427 (N. D. I11. 1900).

[65]　1990 U. S. Dist. LEXIS 12487 (N. D. I11. 1900).

[66]　1988 U. S. Dist. LEXIS 1845 (N. D. I11. 1988).

[67]　814 F. Supp. 679 (N. D. I11. 1993).

第9章　1970年から1980年代の連邦最高裁判例

人管轄権を認めている。

このように連邦地裁レベルは判例に統一性がないが控訴審レベルは5原則を適用しない傾向が強い。

第8巡回区控訴裁判所はミネソタ，ノース・ダコタ，サウス・ダコタ，アイオワ，ネブラスカ，ミズーり，アーカンソーの各州を統轄している。この第8区は5原則を適用する傾向が強く，対人管轄権の認定についてきわめて制限的に解釈している。

このような傾向を強めるきっかけとなった Humble v. Toyota Motor Co., Ltd. 判決[68]は Asahi 判決において O'Connor 判事らの相対的多数意見の解釈をひとつの根拠として示した判決である。事実関係は以下のとおりである。

トヨタ車を運転中においてシートの欠陥により負傷した原告は日本のシート製造業者に対して製造物責任訴訟を起こした，これに対して，控訴裁判所はこの欠陥製品はトヨタ車の部品一部であることからもあらゆる地域において使用されることについて認識されている，しかし，製造業者は法廷地において何らの意図的な活動もしておらず，また，トヨタ車がその地域において使用されることについての意思決定に参加していない，このような理由により同社への対人管轄権の認定を否定した。Asahi 判決以降の判例として，Falkirk Mining Co. v. Japan Steel Works, Ltd. 判決[69]がある。事実関係を以下のとおり説明する。

マリオン・パワー・ショベル社は米国三井物産からジャパン・スチール・ウォークス社製の大型採掘機の部品の一部であるカムを購入したが，このカムの欠陥によってパワー・ショベルが作動しないことによって経済的損失が生じたとして，この製造業者に対して直接に損害賠償請求訴訟を起こした。実際にはマリオン社は米国

(68)　727 F. 2d 709 (8th Cir. 1984).

(69)　906 F. 2d 369 (8th Cir. 1990).

133

VI International Shoe 判決以降の連邦最高裁判例

三井物産を通じてこの機械を購入するための契約を結んでいること
から，同社とジャパン・スチール社が直接的な売買関係は生じてい
ないが，しかし，マリオン社もジャパン・スチール社に社員を派遣
して，見本を示して，これと同じ製品の作成を指示している関係上，
ジャパン・スチール社がこの部品が事故発生地であるノース・ダコ
タにおいて使用されるとの予見可能性はあったと考えられるが，同
社はノース・ダコタ州において何らの意図的な活動をしていない事
実からも同州における対人管轄権の認定を拒否した。製造物責任訴
訟に関する判例として，Gould v. P. T. Krakatau Steel 判決[70]がある。
事実関係は以下のとおりである。

インドネシアの製鉄会社の製造した鉄鋼を同社のニューヨーク
の子会社から購入した原告は購入地であるアーカンソー州におい
てその鉄の欠陥から生じた製造物責任訴訟を直接インドネシアの親
会社に対して起こした。控訴裁判所はインドネシアの会社の子会社
がニューヨークまたはサンフランシスコにおいて活動をしていても，
アーカンソー州においては何らの意図的な行動をしていないことを
理由に親会社への対人管轄権の認定を拒否した。同様に他の判例に
おいても対人管轄権の認定を拒否しており，連邦地裁レベルにおい
ても同じような傾向を示している。対人管轄権の認定する判例とし
ては大企業による大量販売によって売却された製品については間接
的な業者を通じての売買から生じた製造物責任訴訟および商標違反，
特許違反に基づく訴訟等がある。

第9巡回区連邦控訴裁判所はアラスカ，ワシントン，オレゴン，
カリフォルニア，アイダホ，モンタナ，ネバダアリゾナ，ハワイの
各州からなるもっとも広範囲な地域を統轄している。この第9区
は第8区とは対照的に5原則の適用に対してきわめて消極的であ

---

[70]　957 F. 2d 573 (8th Cir. 1992).

第9章　1970年から1980年代の連邦最高裁判例

る。この事実は第8区がHumble判決において対人管轄権を制限
的に解釈しAsahi判決における5原則のひとつの根拠になったこ
とと対照的にHedrick v. Daiko Shoji Co., Ltd. 判決[71]において対人
管轄権を拡張的に解釈した判決を下していることからも明らかであ
る。この判決の事実関係は以下のとおりである。

　日本の企業によって不完全に接合されたワイヤー・ロープを組み
入れた船舶が港に係留された時にその接合部分がこわれたことで負
傷した原告がこのワイヤー・ロープの製造業者に対して損害賠償請
求訴訟を起こした。同控訴裁判所はその船舶が係留されるすべての
港においてこのような原因によって発生した事故について，船舶が
係留する他国において対人管轄権を認定させるためのミニマム・コ
ンタクトが生じるとして，きわめて拡張的な対人管轄権の解釈をし
た。

　Asahi判決以降において，Western Helicopters v. Rogerson
Aircraft Corp. 事件[72]がある。オレゴン州において衝突したヘリコ
プターはブレードの欠陥によって事故が生じたとしてこの部品の製
造業者に対する製造物責任訴訟が起こされた。オレゴン州連邦地裁
はたとえその部品が南カリフォルニア州のみにおいて製造され。オ
レゴン州においてほとんど販売されていないとしても，対人管轄
権を認定するに十分なコンタクトがあるとした判決を下している。
他の判例として，Seltzer Sister Bottling Company Inc v. Source
Perrier Sa. 判決[73]において，ペリエ社からの商標違反事件としての
対人管轄権の認定を5原則に従って認めている。

　一方，アメリカ合衆国以外のプロの試合におけるゴルフクラブを
特定の種類に指定したスコットランドの組織委員会への独占禁止法

───────────

[71]　715 F. 2d 1355（9th Cir. 1983).

[72]　715 F. Supp. 1486（D. Ore. 1989).

[73]　1991 U. S. Dist. LEXIS 18206（N. D. Cal. 1991).

135

Ⅵ International Shoe 判決以降の連邦最高裁判例

上の訴訟に対してアリゾナ州において同委員会への対人管轄権は認められないとしている。このように第9区は5原則を完全に拒否しているわけではないが，全般的に5原則よりも Volkswagen 判決の解釈に従う傾向が強い。

第10巡回区連邦控訴裁判所はニューメキシコ，ユタ，コロラド，ワイオミング，オクラホマ，カンザスの各州を統轄している。この地区は各州の連邦地裁において判例が分かれており，連邦控訴裁判所についても1995年現在，5原則に関する適切な判決をだしていない。ユタ州においては，同州の連邦地裁は2件の製造物責任訴訟に対していずれもその製造者への対人管轄権を認めている。

Lister v. Marangoni Meccanica SpA. 判決[74]では，イタリアのタイヤ引上げ装置の製造会社がアメリカ国内の販売子会社を通じての販売が製造会社の代理店としての行為であるとして認定し，同社への対人管轄権を認めているが必ずしも5原則を拒否した結果ではない。DeMoss v. City Market, Inc. 判決[75]では昭和電工が製造した栄養補助食品の欠陥による製造物責任訴訟において同会社の販売代理店である子会社の販売活動から親会社への対人管轄権を認めている。この判決は Volkswagen 判決の解釈に従った結果と思われる。

ワイオミング州連邦地裁は Hayworth v. Beech Aircraft Corp. 判決[76]において，独立した仲介業者を通じて売却された国内製航空機の製造会社への対人管轄権を最終使用者が法廷地においてそれを購入した事実から同様に Volkswagen 判決に従い認めている。

一方，コロラド州連邦地裁は Garrett v. Beaver Run Ski Enterprises, Inc. 判決[77]において，日本のスキービンディング製

---

[74]　728 F. Supp. 524 (D. Utah 1990).

[75]　762 F. Supp. 913 (D. Utah 1991).

[76]　690 F. Supp. 962 (D. Wyo. 1988).

[77]　702 F. Supp. 265 (D. Colo. 1988).

造会社に対する訴訟において，同社が隣接するユタ州においてその製品を販売する会社を通じて全米にそのビンディングを流通させていたが，コロラド州においては何らの意図的行為をしていなかったことからこの日本の製造会社への対人管轄権を認めなかった。この判決は明確に Volkswagen 判決を否定し，5 原則によりその対人管轄権を拒否している。同様に，カンザス州連邦地裁は 5 原則を採用する傾向が強い。Hastings v. Graphic System Division of Rockwell Int'l Corp. 判決[78]において，ドイツの構成部品会社への製造物責任訴訟におけるカンザス州の対人管轄権の認定を拒否している。また，Redwine v. Franz Plasser Bahnbaumaschinen Industriegesellschaft, M. B. H. 判決[79]では，オーストリア製のバラス清浄装置の欠陥によりその装置を使用中に負傷した原告が事故発生地であるカンザス州において，このオーストリアの製造会社に対して損害賠償請求訴訟を起こしたが，この装置はニューヨーク州の鉄道サービス会社に売却され，バージニア州において引き渡されたものがカンザス州において使用されていたことから，この製造会社とカンザス州とは何らの関連性もなく同州において意図的な行為もしていないことから同社への対人管轄権の認定を 5 原則を適用して拒否している。

　一方，Johnson v. Goodyear SA Colmar Berg 判決[80]においてはアメリカの親会社のグッド・イヤー社のためにタイヤ作成装置を製造したルクセンブルグの子会社への対人管轄権を認めている。すなわち，この子会社は法廷池州であるカンザス州の原告からの注文によってこの装置を製造しており，この装置がカンザス州において使用されることを認識していたことは同州において意図的な行為を

---

[78]　1987 U. S. Dist. LEXIS 12584 (D. Kan. 1987).

[79]　794 F. Supp. 1062 (D. Kan. 1992).

[80]　716 F. Supp. 531 (D. Kan. 1989).

Ⅵ International Shoe 判決以降の連邦最高裁判例

行った十分な根拠になるとして５原則の適用により対人管轄権を認めている。このようにカンザス州連邦地裁は対人管轄権の認定についてその存否にかかわらず５原則を適用している。

第11巡回区連邦控訴裁判所はフロリダ，ジョージア，アラバマの各州の連邦地裁を統轄している。この地域は５原則の適用が顕著であり，対人管轄権の存否にかかわらずこの原則に基づいて判決を下している。

控訴審判決として，Morris v. SSE, Inc. 判決[81]がある。被告であるパラシュートの解放装置の製造会社であるニュージャージー州法人であり，多数の州において取扱業者を保持していた。原告はこのパラシュートを使用中にその解放装置の欠陥により死去した者の遺族でありこの製造会社に対して損害賠償請求訴訟を起こしていた。被告は事故発生地であり法廷地州であるアラバマ州とは何の取引関係もなく，仲介業者は実際に販売も行っていなかったが，被告がそのパラシュートクラブの依頼によりその装置の修理を行っていた関係から，同州において意図的行為があったとして５原則により被告への対人管轄権を認めている。連邦地裁段階としては，ジョージア州北部地区連邦地裁は Cartwright v. Fokker Aircraft USA, Inc. 判決[82]において，アメリカに配給子会社をもつオランダの航空会社への製造物責任訴訟について，法廷池州において何らの取引関係がなく実際の売買がないとしても，この子会社が同州において存在するフォッカー社の航空機の維持整備の訓練を行っていたことおよび向州に相当程度の部品の在庫品を所持していた関係から，法廷池州であるアラバマ州と被告との関係は意図的関連性があるとして５原則により対人管轄権を認めている。

一方，フロリダ州南部地区連邦地裁は Tomashevsky v. Komori

[81]　843 F. 2d 489（11th Cir. 1988）.

[82]　713 F. Supp. 389（N. D. Ga. 1988）.

138

第9章　1970年から1980年代の連邦最高裁判例

Printing Machinery Co. 判決[83]において，日本の印刷機製造会社の製品がカリフォルニア州の販売子会社を通じてフロリダ州にある会社に売却された。この会社において印刷機を使用中に原告が負傷したことから，この日本の印刷機製造会社を訴えたことに対して，5原則の純粋な適用によって同社への対人管轄権を認めていない。

　以上のごとく第11区の判例は5原則を適用し明確に対人管轄権を認定できるものだけその存在を認めている。

ま　と　め

　Asahi判決におけるO'Connor判事らの相対的多数意見（以下5原則）は各連邦巡回区の控裁地裁においてその採用は統一されていない。本来的に裁判管轄権訴訟における各裁判所の判決は各裁判官の裁量的見解から異なっている場合が多い。とくに，製造物責任訴訟に関してはその製品本体から生ずる欠陥または部品の欠陥によって損傷が発生したかどうかによって対人管轄権の認定が異なってくる。Asahi判決においては，タイヤのチューブというタイヤを構成する部品の一部ではあるが，タイヤの性能に関して重要な機能に関する欠陥であることから，その欠陥により重大な事故を生じることになる。タイヤに関する欠陥が原因である場合の事故はチューブに関するものが多いことからも部品というよりもタイヤ本体についての中心部分をしめるものである。この事実から，原告はブランド責任としてダンロップ社を訴えると同時にチューブの製造会社である台湾のチェン・シュエン社も訴えたのである。当然このような事例において，原告はこの事故の本質的原因がチューブにあることからその製造会社に対して訴訟を起こすことは考えられることであった。しかし，このチューブの構成部品であるバルブア・センブリーが日本

---

[83]　715 F. Supp. 1562（S. D. Fla. 1989）.

Ⅵ International Shoe 判決以降の連邦最高裁判例

の Asahi 社の製品であることに気づかず，同社を直接的に訴えなかった。この事実から，ひとつの製品はあらゆる部品の集合体であることからも，原因が各々の部品製造会社を個別に訴えることは争点ぼかしのになる。本質的には，その製品の名前を表示して，その品質を保証している製造会社がブランド責任として，第一義的に責任を負うのが当然である。Asahi 判決においてはこの問題は訴訟対象外であるためふれられていないが重要な問題点である。この判決の重要な意義は部品製造会社が中間業者を通じてその部品をある特定の国または州に売却した場合において，たとえ，その地域においてこの部品が売却されるという予見可能性をもっていても，その特定の地域においてより積極的に意図的な活動を行っていなければミニマム・コンタクトの対象にならないとしたことである。

しかし，ここで問題となる点は International Shoe 判決以来，ミニマム・コンタクトの解釈における曖昧さが依然として，この5原則にも残ることである。その特定の地域において第三者を通じてより積極的，意的な活動というものの解釈については明確な原則というものはなく曖昧さが残るものであることからも各裁判所の判事の裁量的見解に左右される。この事実から各連邦巡回区においてこの解釈が異なってくるのは予想されたことでもある。この地域的特性を見てみると，カリフォルニア州を中心とした第9巡回区とニューヨーク州を中心とした第2巡回区およびイリノイ州を中心とした第7巡回区は5原則の採用にあまり積極的でなく，対人管轄権を認めようとする傾向が見られることはこれらの地域の特質からも理解できるが，テキサス州を中心とした第5巡回区はさらに積極的に5原則の適用を拒否している傾向を示していることはその地域性から考えると興味深い点である。

一方，5原則を適用し対人管轄権の認定を制限的に考え法廷池州においてより意図的な活動を要求する巡回区は中西部から南部を中

第9章　1970年から1980年代の連邦最高裁判例

心とした第8巡同区と大西洋岸の南部を中心とした第4，第11巡
回区ペンシルベニア州を中心とした第3巡回区である。これらの巡
回区と対照的なのが前述した第2[84]，第5[85]，第7，第9巡回区で
あり，面積，人口等においては5原則を適用しない地域の方が上
回っている。ミシガン州を中心とした第6巡回区は中立的であり，
どちらかといえば5原則の適用に消極的であると思われる。第10
巡回区は構成するワイオミング，ユタ，コロラド，カンザス，オク
ラホマ，ニューメキシコの各州連邦地裁において判断が異なってお
り，この時点において第10巡回区控裁も適切な判例をだしていな
い[86]。マサチューセッツ州を中心とした第1巡回区はこの時点にお
いて第1巡回区控裁[87]において判例が分かれており明確な傾向は見
いだせない。以上，これらの判例動向は1994年頃までの傾向であ
ることから1995～96年[88]にかけての動向についてどのような変化

---

[84]　Metropolitan. Life Ins. Co. v. Robertson-Ceco Corp., 84 F. 3d 560（2nd cir.
1995）において Asahi/O'Connor 原則の適用により対人管轄権を否定している。
また，同様に，Bensmiller v. E. I. Dupont De Nemours & Co., 47 F. 3d 79
（2nd Cir. 1995）も否定している。

[85]　第5巡回区控訴裁判所は Command-Aire Corp. v. Ontario. Mechanical Sales,
963 F. 2d 90（5th Cir. l992）.及び Ruston Gas Turbines, Inc. v. Donaldson Co.,
9 F. 3d 415（5th Cir. 1993）おいて通商の流れの理論に従い対人管轄権を認定
し，Ham v. La Cienega Music Co, 4F. 3d 413（5th Cir. 1993）においては同
理論に従い対人管轄権を否定しているが，Asahi/O'Connor 原則を適用してい
ない。同巡回区は他に多くの対人管轄権に関する判例をだしている。

[86]　SEC v. Knowles, 87 F. 3d 413（10th Cir. 1996）において対人管轄を認めて
いるが Kuenzel v. HTM Sport, 102 F. 3d 453（10th Cir. 1996）は5原則に基
づいて対人管轄権を否定している。

[87]　第1巡回区控訴裁判所は Sawtelle v. Farrell, 70 F. 3d l381（1st Cir. 1996），
Ticketmaster v. Alioto, 26 F. 3d 201（1st Cir. 1996），D'Almeida v. Stork
Brabant B. V., 71 F. 3d 50（1st Cir. 1995）においては対人管轄権を否定したが，
Nowak v. Tak How Investments, 94 F. 3d 708（1st Cir. 1996）においては対
人管轄権を肯定している。

[88]　最近の判例において，第7巡回区および第9巡回区控訴裁判所は対人管轄
権を認める傾向が強い。一方，第8巡回区および第11巡回区控訴裁判所は従

Ⅵ International Shoe 判決以降の連邦最高裁判例

が表れているかについては今後の新しい判例を調べることによって
新たな傾向を示しているかについて検討をしていきたい。このよう
な傾向が完全に変化しているかどうかは先例についてある程度の拘
束性があることからも予想しないが，5原則が深く静かに浸透して
いるように思われる[89]。

8　名誉毀損訴訟における対人管轄権

名誉毀損訴訟における対人管轄権について連邦最高裁は一致して
これを認めている。

名誉を毀損された原告に対して，訴訟の段階において，閉ざして
しまう可能性をできる限り縮減して，実体法の訴訟において争うべ
きであるという理論を示したようにも思われるが，実際上，対人管
轄権を認定するかについて，実体法上の問題も踏み込んで解釈して
おり，かなり実体法上の判断にも影響を及ぼすものと考えられる。

(a)　Keeton v. Hustler Magazine Inc.[90]

ニューヨーク州の住民である Keeton はニューハンプシャー
州の連邦地裁に州籍相違に基づいてオハイオ州法人の Hustler
Magazine 社が発行する雑誌の写真と記事により名誉を毀損された
として，損害賠償請求訴訟を提起した。この雑誌はニューハンプ
シャー州において月刊で1万5,000部程販売されていた。原告と同
州との関係は彼女が編集者として被告の会社に働いた時期に同社の

　　来どおり，対人管轄権を認めない傾向が強い。第3巡回区および第4巡回区
　　控訴裁判所は判例数が少ないので判断はできないが，対人管轄権を認める判
　　例はみられない。第6巡回区控訴裁判所も対人管轄権を認めない判例がほと
　　んどである。

[89]　拙稿「アサヒ判決以降の対人管轄権訴訟に関する米国連邦裁判所の判決動
　　向〔下〕」国際商事法務　Vol. 25, No. 12（1997 年）1328-1336 頁。

[90]　465 U. S. 770.（1984）.

142

第 9 章　1970 年から 1980 年代の連邦最高裁判例

雑誌が同州において販売されていたという極めて脆弱な事実関係である。原告は被告の住所地であるオハイオ州において，被告を訴えようと考えていたが，同州の出訴期限法により訴訟を提起できなかった。唯一，ニューハンプシャー州の出訴期限法の下においてのみ，提訴できることが同州を選択した理由であった。

連邦地裁も第 1 回巡回控裁も雑誌社への対人管轄が次の理由により欠如しているとして却下した。

連邦地裁も控裁もニューハンプシャー州は両当事者にとっても非居住者であり，被告の雑誌の販売と原告の損害賠償について対人管轄権を認めるためのミニマム・コンタクトが存在しないとした。また，Single Publication Rule（単一出版の原則）の下に同州においての単一訴訟において全米においての損害賠償請求権を認めることは，同州と被告及び原告との関係が脆弱であるにもかかわらず，全米においての損害賠償請求権を取得することは公平でないとした。

これに対して連邦最高裁は Rehnquist 判事による全員一致の法廷意見により，連邦控裁判決を破棄した。法廷意見は下級審の単一出版原則の解釈を否定した。同州は消費者の利益を保護すると同じようにたとえ，州外の原告であっても同州において生じた損害を補償するため権利を有している。

すなわち，同州において訴訟を起こすことを認めることにおいて，多州間において原告が名誉毀損訴訟を提訴して損害賠償を請求することをできるようにすることは同州において何らの利益に反するものではない。

また，他州と比較して異様に長期間（6 年）の出訴期限法の下のみに訴えを提起できるということを理由に同州を選択したことは対人管轄権の取得について公平さを欠くものではないとした。

原告と法廷地との極めて脆弱な関係については，原告と法廷地間の関係について対人管轄権を認めるためのミニマム・コンタクトを

143

Ⅵ International Shoe 判決以降の連邦最高裁判例

構成するものではないとして，被告と法廷地とのミニマム・コンタクトが重要であるとした。

同最高裁は原告の名誉毀損訴訟がニューハンプシャー州のみでしか提起できないことは，何らかの理由で訴訟の提起が遅延したことは特に注視せず，原告が訴訟の機会を喪失させることについてできる限りその機会を与えようとしたと思われる。

要するに，実体法上についての審議は別におこなわれることであるから，訴訟の入口の段階で阻止してしまうことに懸念を示したものと思われる。

一方，法選択をもとに法廷地を選択したことは，フォーラムショッピングにつながるとの意見もあるが，名誉毀損という事実はその雑誌が出版された全ての州が不法行為発生地とも考えられる。

Rusch 判決は同様に，手続法の選択により法廷地を選択したが，法廷地州においての準対物管轄権に基づく被告への対人管轄権取得は認められなかった。

名誉毀損訴訟についてはその刊行物が特定の州において販売されていれば全ての州の対人管轄権は取得できるという Single Publication Rule について判例法上の御墨付きを与えたことは，名誉毀損訴訟に関する画期的な判決である[91]。

(b) Calder v. Jones[92]

National Enquirer 誌の記事において，原告である Shirley Jones とその夫がカリフォルニア州において名誉毀損，プライバシーの侵害，故意による精神的苦痛に基づく損害賠償請求を同誌の地域販売者，編集者，記事の著者に対してカリフォルニア州上級裁判所（第

---

[91] 出版部数およびどこで出版されたかに関係なく名誉毀損の事実を記載した出版物が発行されている州において出版社に対する対人管轄権が存在する。

[92] 465 U. S. 783（1984）.

第 9 章　1970 年から 1980 年代の連邦最高裁判例

1 審裁判所）訴えを提起した。

　Enquirer 誌と販売業者は同州における対人管轄権を競わず，同意したがフロリダ州民である編集者と記者は同州において何らのコンタクトもないとして，異議を申立て，また，単なる被用者である記者の行為は製造物責任訴訟における製品の溶接工にたとえそこまで無制限に対人管轄権はおよばない，また，連邦憲法修正 1 条の言論の自由の条項の下に他の対人管轄権訴訟の事例と異なり，より慎重に制限的に解釈しなければならないと主張した[93]。この被告側の主張は第Ⅰ審裁判所では認められたが，同州最高裁判所において破棄されたため，連邦最高裁に上告した。

Rehnquist 判事による全員一致の法廷意見

　名誉毀損についての記事をフロリダ州において作成したという行為が，カリフォルニア州においてその効果が発生したという不法行為上の因果関係は確立している。記事はカリフォルニア州においての取材源に基づいて編集された雑誌が同州において大量に出版された。被告らは単なる雑誌社に雇用され，その組織の中において記事を書いたのであるとして，出版社には責任はあるとしても個々の記者に対してまで責任は及ばないと主張した。しかし被告らの記事を書く行為は同州においてさし向けられた行為として名誉毀損という事実が発生したことは明確である。

　また，被告らは名誉毀損訴訟における対人管轄権を安易に認めることは，出版社，記者に対して修正 1 条の言論の自由の条項の下に chilling effect（萎縮効果）[94]を生じさせると主張している。しかし，修正 1 条の問題は実体法の審議において主張されるべきであり，手続段階の対人管轄権の存否について争点とすべき問題ではないとし

---

[93]　New York Times Company v. Connor. 365 F. 2d 567（5th cir. 1966）.

[94]　あいまいな行為により表現の自由を抑制させる効果。

Ⅵ International Shoe 判決以降の連邦最高裁判例

た[95]。

　一方において，手続法と実体法との審議において修正 1 条の問題を二重に論議することは，重複算定になるとしているが，言論の自由という問題について重複的に議論することも必要であるという意見もある[96]。

　すなわち，本案の審理においても，連邦最高裁が下した本判決は多大な影響を及ぼすことは確かである。

---

[95]　M. Roldan, Defamation, 5. L. A. Ent. L. Rev. 287 (1985).

[96]　New York Times Co. v. Sullivan, 376 U. S. 254 (1964).

146

第10章　ディスカヴァリーと裁判管轄権

1　ディスカヴァリーについて

　ディスカヴァリー（証拠開示制度）は，アメリカ合衆国特有の制度である。裁判の前に，当事者双方の弁護士間で訴訟の争点を整理し，証拠，証言について証拠能力を調べる，実際の裁判において，審理をより迅速に進めるための準備手続であるが，この手続に相当の時間が費やされる。これは裁判の長期化を防止するための手続であったが，結果として準備手続に時間がかかるという本末転倒な様相を示している。

　ディスカヴァリーのうち，裁判の実体審理に入る前の手続段階である対人管轄権の存否について，当事者双方は前述の Asahi 判決で示された原則によって，ジュリスディクション・ディスカヴァリーの審理にはいる。

　5原則の下に証拠と証人および開示文書に基づきディスカヴァリー手続がおこなわれるが，これはたんなるジュリスディクション・ディスカヴァリーだけでなく，本案における実体審理の問題にもくいこんでくるわけであり，かなり多くの証拠書類を提出しなければならない。これは対人管轄権の存在を争うための特別出廷とはいえ，実質的に，この事前審判開示手続は本格的な実体審理裁判と同一と考えてもおかしくはない。

　このため，ジュリスディクション・ディスカヴァリーを拒否する事例も多いが，連邦最高裁判例において，このディスカヴァリー手続を拒否することによって，裁判所より制裁処置として，対人管轄権に対する抗弁を放棄したとみなされ，強制的に対人管轄権に服す

147

Ⅵ International Shoe 判決以降の連邦最高裁判例

ることが命令される。

2 Insurance Corp. of Ireland v. Compagnie Des Bauxites de Guinee[97]

この判決も 1980 年代に下された唯一のディスカヴァリーと裁判
管轄権に関する事例である。

事実の概要についてみると，原告である Company des Baxter
（デラウェア州籍）が，外国の保険会社であるアイルランド法人の
Insurance Corporation を被告として保険金の支払いを求める訴訟
をペンシルベニア西部地区連邦地裁に提訴した。被告は国際的な対
人管轄権訴訟を競って限定答弁を行った。その結果，対人管轄権訴
訟を争うためのディスカヴァリー（開示請求）が行われるために必
要な証拠書類の提出を裁判所から請求をもとめられたが，被告がこ
れに応じなかったため，同地裁は連邦民事訴訟法 37 条 b 2 に基づ
く一種の制裁措置として原告による被告への対人管轄権を認めた。

この連邦地裁の判決に対して連邦最高裁は，制裁措置は修正 14
条のデュープロセスに反しないとして地裁判決を支持した。この判
決のなかで White 判事は，適正手続条項に基づいて保護されてい
る個人の利益は連邦制度の利益よりも重要であるとし，そして対人
管轄権の存否に関する争点について，ディスカヴァリーに抵抗し，
かつ対人管轄権の不存在の抗弁を主張している被告に対して，連邦
民訴法 37 条 b 2 a 条項に基づく制裁処置として連邦地方裁判所は
対人管轄権を認めることができるとした。

この連邦地裁の決定について，White 判事は「対人管轄権（に関
する争い）は州の主権の問題ではなく，個人の利益（対人管轄権を争
う利益）に対する司法権による制限を示している。一方，州裁判所

---

(97) 456 U. S. 694 (1982).

については，連邦民訴の適用がないということからも，対人管轄権を認定することについて，他州と相対する州の主権の特性と連邦制度の基本枠組みの影響をうけるのは当然である」と指摘し，World Wide Volkswagen 事件における同判事の意見を例に説明し，矛盾がないことを述べている。

この事実は対人管轄権訴訟を争うことを放棄することも修正14条に基づく個人の自由な権利であると認定し，被告自ら州際連邦制度に基づいてペンシルベニア州におけるミニマム・コンタクトを争うことを放棄したことは被告自身の自由権の行使である，手続法である連邦民事訴訟法37条 b に基づいての制裁措置として，ペンシルベニア州の対人管轄権に服することは連邦憲法上においてなんら問題を生じないと判断した。

おそらく，個人的見解として，州裁判所においても同様な手続きをとれば対人管轄権を認める判決を下すのではないだろうか，自らの不利益を認識して放棄することの結果として，同意と同じ効果を生じるのではないだろうか，この判決はミニマム・コンタクトを争わず対人管轄権を認めた判例であり，また，訴訟を争ったり放棄したりする権利を修正14条の自由権に基づくものと指摘した1980年代における画期的な重要判例である。

このような状況において，アメリカにおいて訴えられた場合，被告側としては対人管轄権を否定できる充分な法的正当性を主張することができなければ，対人管轄権を争うための管轄抗弁をなし，ジュリスディクション・ディスカヴァリーに応じることは時間と費用がかかるだけである。それを避けるためには，直接的に本案訴訟としての実体審理に入り，その訴訟原因について率直に争った方が二重の手続がはぶけるように想像できる。

アメリカにおいて年間の民事訴訟件数は，2,100万件に達するといわれている。それらの大多数は，和解で解決し，実際に訴訟に至

VI International Shoe 判決以降の連邦最高裁判例

る件数は訴訟大国アメリカでさえもその 5 ％程度である。おそらく対人管轄権が争われる件数は 1 万件に達しないと推測される。

　この数字からみれば対人管轄権を争う訴訟は，法曹実務においてやはり重要な問題である。そのため，民事訴訟法のかなりの部分をこの対人管轄権の問題に割いている。これは前述したように，各州において法が相違していること，陪審選定に基づく構成員によってその評決がかなり異なること等々が対人管轄権を争う意味の本質のように思われる。これはあくまでも原告側にとって裁判管轄権（対人管轄権）を争うことによって自ら選択した法廷地において訴訟を遂行できるというある程度の見込みがあることに基づいておこなわれるものである。一方，被告側にとってはより重要な問題である原告の選択した法廷地においての訴訟に同意するか争うかであるが，これも十分にその勝算があるかどうかを判断しなければならない。すなわち対人管轄権を争うことは結果として本案審理にも大きな影響を及ぼすことになる。それはジュリスディクション・ディスカヴァリーの効果が大きいものと思われるが，いずれにしても，最終的に両当事者が和解に基づき合意するか，あくまでも対人管轄権を争うかの選択である。

VII

フォーラム・ノン・コンビニエンス
（FNC）の法理について

第11章　法理論の確立と判例

1　法理論の確立

　この法理は 16 世紀初頭のスコットランドおよびイングランドの判例にみられるものであり，すくなくとも 1705 年頃までは地域訴訟という理論のもとに多くの判例に適用されていた。その後もこの法理は英国と米国ではまったく異なった発展を遂げ，1906 年の判例においてコモン・ローの重要な例外規定として認められた[1]。

　一方，米国においては，1929 年の連邦最高裁判決において，この法理による州裁判所の判決を認めているにも拘らず，下級審の連邦裁判所の段階[2]においてはほとんどみられない。また州裁判所においては，先の連邦最高裁判例からも多少とも認める傾向にあったが，この法理に基づく判例は広まらなかった。

　米国において個人（自然人）もしくは法人が他州の個人もしくは法人に対して訴訟を提起しようとする場合には，まず，当然のことながら，その相手に対して対人管轄権を獲得しなければならない。対人管轄権の問題については，ここでは詳しく述べないが，一応簡単に説明しておくと，要するに，原告が訴訟を提起する州において被告が何らかの最低限度の関連性（ミニマム・コンタクト）を持っていることが対人管轄権の取得のポイントである[3]。そして，この条件はすべての州際民事事件に課されている。しかし，このミニマム・コンタクトの認定については担当裁判官の裁量の幅が広く，実

---

[1]　Logan v. Bank of Scotland (1906) 1K. B 141 (Eng.).

[2]　Douglas v. New York, New Haven, & Hartford. R. Co. 279 U. S. 377 (1929).

[3]　International Shoe Co. Washington, 326U. S. 310 (1945).

Ⅶ　フォーラム・ノン・コンビニエンス（FNC）の法理について

際の結論については事例によってばらつきがあり，未だ，明確な基準は確立されていない。そして，対人管轄権取得の手続は連邦憲法上の重要な問題であり，その条文上の根拠は修正 14 条に規定された法定適正手続の保障にあるため，下級審の裁判がたびたび連邦最高裁判所に持ち込まれる，そして，1945 年の International Shoe 事件判決(4)以来，州際通商および交通手段の発達と国際化の進展の波に乗って各州はいわゆるロング・アーム法を制定し，管轄権の拡張化を図ってきた(5)が，それに対して，連邦最高裁は 1977 年の Shaffer 判決(6)以来，1984 年のいわゆる Helicol（ヘリコル）事件判決(7)までの間に下された 3 件(8)の事例について対人管轄権縮小を示す判決を下してきている。

　このように，対人管轄権の法的性質は連邦憲法上の重要な問題として，最高裁判所によって最終的な判断が下される必要があり，単なる州際間の抵触問題として解決できない。

　すなわち，連邦地方裁判所はその設置されている州と異なる州に籍のある被告に対して対人管轄権を行使する場合には，州裁判所と同様，被告と当該事件の間にミニマム・コンタクトがあることを認定するよう連邦憲法上義務づけられており(9)，また，連邦民事訴訟規則 4 条 e 項はその手続がその州のロング・アーム法に従って行われることを要請している。対人管轄権の有無は，訴訟が開始され本案が審理される前の段階において，手続的問題として，裁判官が純法的立場から広い裁量権をもって判断を下し，管轄権がないと決定

---

(4)　前注(1)。

(5)　Scoles et Hay, Conflict of Laws 235 (1982).

(6)　Shaffer v. Heitner, 433 U. S. 186 (1977).

(7)　Helicopters Nacionales de Colombia, S. A. v. Hall, 104 S. Ct. 1868 (1984).

(8)　Rush v. Savchuk, 444 U. S. 320 (1980); Kulko v. Superior Court, 436 U. S. 84 (1978); World-Wide Volks wagen Corp. v. Woodson, 444 U. S. 286 (1980).

(9)　前注(1)。

第 11 章　法理論の確立と判例

された場合には却下判決が下される。その際，被告は対人管轄権の
有無のみについて限定答弁をおこなうために出廷しているので，当
該州に対人管轄権がないと判断されたならば，その州において裁判
に服する義務は生じないことになる。

　加えて，対人管轄権の存在がその州において確認された後でも，
その州の法廷地が真に被告にとって便宜性がないと考えられる場合
には，被告側は一種の法廷地変更の異議申立てをおこなうことがで
きる。この申立てはフォーラム・ノン・コンビニエンス（裁量的移送，
もしくは，非便宜的訴訟地排斥）とよばれるもので，この申立てに基
づいて裁判所は再度この事例を吟味し，真に被告にとってその法廷
地が不便であると認定した場合には他州の連邦地方裁判所に移送で
きる。なお，この移送は連邦民事訴訟規則 1404 条の規定に基づく
もので，あくまでも連邦裁判所間の移送に限定されている。

　他方，州裁判所による移送は，その州内において，他の郡の裁判
所への移送はできる。

　（たとえば，カリフォルニア州においては，サンフランシスコからサクラ
メントへ，といった場合），他州への移送は不可能であり，それが必
要な事例については，訴えの却下の方法を用いるか，もしくは，適
切な法廷地（つまり他州）でその訴訟が提起されるまでその手続き
を停止するしかない[10]。

　この法理が認められるようになってきたのは前述の International
Shoe 判決以降である。この判決に基づき対人管轄権が幅広く認め
られることになったことにより，この法理も見直され始めてくるよ
うになった。このきっかけをつくったのが，International Shoe 判
決と同じく連邦最高裁は，FNC に関する 2 件の判決を 1947 年に下
した[11]。1 件は次に述べるリーディングケースとなったガルフ・オ

---

[10]　グリーン著，小島武司他訳『体系アメリカ民事訴訟法』92 頁。

[11]　Koster v. Lumbermens Mutual Casualty Co., 330 U. S. 518 (1947).

Ⅶ　フォーラム・ノン・コンビニエンス（FNC）の法理について

イルグループ対ギルバート事件である。

2　Gulf Oil Co. v. Gilbert[12]

　事実の概要は，原告はバージニア州の住民であり，倉庫業を経営していたが，ペンシルベニア法人である被告の過失により，倉庫に火災が生じ，損害を受け，これについての損害賠償請求訴訟をニューヨーク州南部地区連邦裁判所に提訴した。被告はバージニア州，ニューヨーク州においても営業をしていることから，同州においての対人管轄権は問題とならない。また連邦裁判所への提訴も州籍相違が成立していることから，連邦裁判所の事物管轄権も成立する。

　原告は，なぜ住居州であり，事故発生地州であるバージニア州で訴訟を提起しなかったかについては，ニューヨーク州の方が損害賠償請求金額を多く取れると推測したかは不明である。

　これに対して，被告側は事故発生地州であるバージニア州においての裁判が最も適切な法廷地であるとして，FNC の法理に基づき却下の申立てを連邦地裁にもとめ，認められたが，第2巡回区連邦控訴裁判所は，この連邦地裁判決を破棄し，この法理の適用を認めなかった。これに対して被告側は連邦最高裁に裁量的上告をおこないこれが認められた。

　ニューヨーク州在住の原告が同州において株主代表訴訟を提起したが，被告である会社はイリノイ州を主たる営業地として，多くの役員が存在し，関係書類も存在することから，被告側の FNC の抗弁を認めてニューヨーク州における裁判の却下の申立てを認めた。

　この事件も5対4の判決であり，Gilbert 事件と同様に Black 判事らの反対意見が述べられている。

(12)　330 U. S. 501 (1947).

R. Jackson 判事の法廷意見

（Vinson 主席判事，Douglas，Frankfurter，Murphy 判事が同意）

　FNC の法理の適用は，判事による裁量の余地が多いことを考慮した慎重な法的判断が求められるとし，この法理の適用にあたっては，私的利益と公的利益の両面から解釈していくことが必要であるとした。

　私的利益として考慮するべき最も重要な要因は証拠書類の提出の便宜性である。証人出廷の問題は裁判において重要な意味を持つことからも，証人出廷の便宜性で重要な要因である。また，その証人出廷にかかる費用負担の額，現場実況見分をおこなうための訴訟上の便宜性等，訴訟の審理上最も効果的な場所を選択することにより，両当事者にとって最も適切な法廷地になる，その結果として現実的利益である判決の執行もやりやすい法廷地を選択するべきである。

　公的利益についての問題も実際上は私的利益の問題と重なり合う要因が多くある。一つの法廷地における訴訟の集中化による裁判所の司法行政上の困難さも要因となりうる。とくに重要な要因となるものは，陪審審理における陪審員の選定である。陪審員の義務を訴訟とまったく関係ない地域の人々に課することは，その制度上においても問題となる。これらの理由からも，対人管轄権が数州にまたがり存在する事例において，その中で両当事者にとって公平かつ経済的な法廷地を選択することは，裁判所の裁量的判断として重要である，原告当事者の法的利益のみを考慮し，たんに対人管轄権が存在すると言う理由によって原告側による訴訟の提起に基づき法廷地を決定することはあまりにも一方的に原告の優位を考慮しすぎである。

　本件の事実関係によると，原告はニューヨーク州民ではなく，事故原因の発生も同州ではない。またいかなる証人もこの事件に関する専門家も同州には居住していない。

Ⅶ　フォーラム・ノン・コンビニエンス（FNC）の法理について

　これらの事実関係からニューヨーク連邦地方裁判所が FNC の法理を適用し訴えを却下したことについて，この法理の解釈は適切であるとしている。

　公的利益の側面において，原告はバージニア州の Lynchburg においての民事陪審裁判において，40 万ドル（現在の物価水準からすると 4 千万ドルに近いと考えられる）という巨額の損害賠償請求訴訟において，陪審員が動揺する可能性があり，また，その地域においての影響を受けやすい可能性もある。これらの事実関係から先入観を持った陪審員が選出されやすく，実際上この地域からの陪審の選任は，なんらかの事前の予備知識を持ちやすいこと等の理由基づき同州においての裁判を避けるために，ニューヨーク州において訴訟を提起した。すなわち原告はこの倉庫に品物を預けていた多くの愛顧者が Lynchburg 附近に移住しており，そこに預けた動産の価値および倉庫の建物としての評価を認識していることからも 40 万ドルという損害賠償請求額がなんらかの影響を及ぼすのではないかとしている。これに対して，Jackson 判事らの多数意見は Lynchburg における地域社会において，商品を預けた人達の中から陪審員を選定しないことが原告の利益になるという議論は不可思議である。逆に，その地域の特性およびその地域の正確な知識を持たないことが，他にもまして公正な審判をありえないものとしてしまう。

　被告側も指摘しているように，被告の過失行為に関係している多くの利害関係者も Lynchburg 市近郊に住んでいる。また同州において設立された法人であるため，ニューヨーク州において裁判を確定することはできない。また被告会社の行為は，Lynchburg 市条例の違反であることから，同条例の下において消防士による証明を要求されるという，一種の刑事罰則上の法令違反であり，バージニア州においての裁判が義務づけられている。

　この種の証明は，審判がある程度長期化し，多くの証人を召喚す

る必要性があることから，Lynchburg 市から約 640km 離れている
ニューヨーク市においての裁判は証人の出席，供述録取書の採集に
おいて裁判所，陪審，訴訟関係者を満足させるものではない，つま
りバージニア州における審判によって集中化することが事実審裁判
所の使命であると結論づけた。すなわちニューヨーク州南部地区連
邦地裁において，この訴訟を審理した場合，その適用法規について
抵触法上の問題が発生し，より複雑な法的問題を生じさせることに
なる。この問題を避けるためにも，バージニア州の連邦裁判所にお
いて，バージニア州法の下に裁判をおこなうことが公的利益におい
ても私的利益においても最も便宜な法廷地である。これらの理由に
基づき第 2 巡回区連邦控訴裁判所は FNC の法理をあまりにも制限
的に解釈しているとし，控訴審判決を却下した。

Black 判事の意見

　この多数意見に対して，Black 判事は有意義な反対意見を述べて
いる。すなわち訴訟を提起した州において対人管轄権が明確に存在
する以上，コモン・ローおよび制定法上に基づく金銭損害賠償請求
訴訟において，FNC の法理の下にこの訴訟を拒否することはでき
ない。一方において，一部の衡平法上の裁判，海事事件については
裁判管轄権の行使を拒否できる例もある。

　また実際上の問題として，被告による FNC の法理の申し立てに
よる法廷地の変更は，行政的にも法律上においても複雑であり，か
つ，この変更が認められるかについて不確実な要因となってしまう。
また原告にとっても法廷地の変更は出訴期限法の問題がからまって
重要な要因となりうる。すなわち，その変更した正当な法廷地にお
いて出訴期限法に従って訴訟が阻止される可能性もあるからである。

　この問題においての最も重要な争点は，FNC の法理が連邦民事
訴訟法上において規定されていないことである。FNC の法理が連

邦議会において可決され，条文の一部となれば，この法理の適用は認められる。しかし連邦裁判所の判決によって，この法理を判例法のような型で認めるべきではないと述べている。この意見に W. Rutledge 判事が同意し，Reed，Burton 両判事は別の立場から多数意見に同意しなかった。このように同判決は5対4の極めて僅差で多数意見が認められている。

1948年に連邦議会は合衆国裁判所法1404条の(a)項に FNC の法理を採用したことにより便利な法廷地を認められるようになった。その後この法理は多くの事件に用いられるようになったが，当時，外国人および外国企業まで適用する判例見られなかった。次に述べる判例はそのリーディングケースとなった。

3 Piper Aircraft Co. v. Reyno[13]

事実の概要と判旨は以下の通りである

1976年7月，小型チャーター機がスコットランドの航空管制内において衝突墜落した。これによりパイロットと乗客全員が死亡し，死者は全員スコットランドの住民であった。

この事故の直接的な目撃者はいなかった。この事故機は Piper 社製のツイン・エンジンのアゼッターであり，米国のペンシルベニア州において製造されていた。一方プロペラは，Hartzell 社によってオハイオ州において製造されていた。またこの事故機は英国籍であり，所有者および運行会社であるマクドナルド航空とも英国法人であり，この事故機の残骸は英国に置かれている。英国産業省の事故調査委員会は事故機のプロペラの機械的瑕疵により事故原因が生じたと予備的調査を発表したが，Hartzell 社の異議によって，新たな調査委員会の下，機械的な欠陥の証拠を見出すことができないこと

___

(13)　454 U. S. 235 (1982).

第11章　法理論の確立と判例

が判明した。その後の調査結果により，パイロットの操縦技能が免許取得から3ヶ月と短いこと，会社の操縦マニュアルによって要求された最低高度を守らなかったことにより失速し，墜落したという結論を導き出した。1977年7月，カリフォルニア州遺言検認裁判所は，5人の乗客の財産の遺言執行人にReyno氏を指定した。ReynoはPiper社とHartzell社を不法死亡訴訟に基づき，第一審であるカリフォルニア上級裁判所に提訴した。

　Reynoは率直に米国において不法行為に対する厳格責任を認める法がスコットランドの法よりも，その損害賠償を求めることにおいて有利であることを認めている。またスコットランド法は不法死亡訴訟において，故人の関係人に関して扶養者と配偶者に関しての損害賠償のみ認めている。これらの理由に基づき，Reynoは米国において訴訟を提起した。

　この訴訟に対して，Piper社はカリフォルニア州中部地区連邦裁判所に移送を申し立てて，認められ，さらに合衆国裁判所法1404条(a)に基づき，ペンシルベニア州中部地区連邦裁判所に移送を申し立てて認められた。他方Hartzell社は対人管轄権を争ったが，最終的にPiper社とともにペンシルベニア州中部地区連邦地裁への移送に同意し，訴状の送達を受領した。

　これにより法廷地は，ペンシルベニア州中部地区連邦地裁に移り，被告であるPiper，Hartzell両社は米国においての裁判は不便な法廷地であるとして，FNCの法理に基づき却下の申し立てをなした。すなわち両社ともギルバート判決と同様にスコットランドの裁判管轄権に同意し，時効の利益を放棄していること，また明らかに原告は製造物責任に関するより有利なアメリカ法の適用を求めて，米国において提訴していることは事実関係が証明していると主張した。

　同連邦地裁は，FNCの法理に基づき適切な法廷地でない理由として次のように述べている。

161

Ⅶ フォーラム・ノン・コンビニエンス（FNC）の法理について

私的利益の側面において，飛行機の製造，設計，テスト飛行，プロペラのテスト等に関する証拠が米国に存在したとしても，スコットランドにおいて圧倒的な利害関係が存在しており，利害に関する真の当事者はスコットランドにいる。また事故機のメンテナンスおよびパイロットの訓練，事故の調査に関する証言を得るための証人も当地にいる。当地における審判は，事故地の地形の調査および事故機の残骸調査においてもより便利である。

また被告である両者はスコットランドの第3当事者を引き込むことができず，故人の遺族らがパイロットの遺族，航空会社を訴えている。これらの状況から鑑みて，全ての訴訟当事者および関連した証人がいるスコットランドにおける訴訟が Piper および Hartzell 社にとって，より公平である。すなわちたとえ米国において審理が認められたとしても，第3当事者である被告からスコットランドにおいて新たな訴訟を提起される可能性が残るからである。

公的利益の側面において，同連邦地裁は Piper 社に対してはカリフォルニア州抵触法の規定に基づきペンシルベニアの製造物責任法を適用し，Hartzell 社に対してはペンシルベニア州抵触法に基づきスコットランド法の適用を決定した。

この結果として，陪審員は本来，法律の知識はないが，ましてスコットランド法については，知識がない。あらかじめ，現地から専門家を招き，基本的な法知識を学ばなければならない。これには莫大な費用と多くの時間が消費される。また，陪審員の負担も通常よりも過大なものとなり，不公平感を生じさせる。

結論として，同連邦地裁はこの訴訟と何らかの関連性を示さずに，スコットランド法が原告にとって不利であるという主張は外国法廷地において外国法の欠陥を審理するに値しないとして，原告の訴えを却下した。原告は連邦地裁においての訴えの却下にともない，第3巡回区連邦控訴裁判所に控訴した。

162

第11章　法理論の確立と判例

連邦控裁は以下のような判断をくだしている。

連邦控裁は連邦地裁の私的利益についての判断について正反対の結論を下した。すなわち米国の裁判において，重要な証人および証言を提供するのが極めて困難であると被告側は主張するが，実際上，被告らはそれらの証人および証言についての特定をおこなっていない。またスコットランドの第3当事者を引き込むことができなくなるという被告側の主張も殆んど重視しなかった。

また現地の地形調査および残骸機の調査のアクセスについては，訴訟にとって重要な意義はないと判断した。公的利益についても，連邦地裁が Hartzell 社に対してスコットランド法を適用し，その結果，陪審審理に多くの障害が起きると認定したことに対して，Piper および Hartzell 両社に対して同一の抵触法を適用し，アメリカ法（ペンシルベニア法）が適用できるとした[14]。それにより陪審に対して過大な負担はないとした。このように，同控裁は公的利益，私的利益についても，米国における裁判についてなんらの影響を及ぼさないとして，連邦地裁判決を却下した。

これに対して被控訴人である被告は連邦最高裁において上告して認められた。

連邦最高裁

T. Marshall 判事の法廷意見（多数意見）は以下の理由に基づき控訴審判決を破棄した。

法廷地における法の有利・不利は本来，法廷地の変更に伴うものではなかった。しかし，適用法規の変更という問題は法の統一がなされていない連邦制度の下においては，ある程度の相違が，生じて

⒁　False Conflict（偽りの抵触）のもと，Piper そして Hartzell 両社ともスコットランドよりもペンシルベニア州においてその紛争を解決するためのより大きな利害関係があるとして，ペンシルベニア州法の適用を決定している。

Ⅶ　フォーラム・ノン・コンビニエンス（FNC）の法理について

くる問題である。この前提にたち，FNC の法理の適用問題として
適用法理の有利・不利の問題はすくなからず生じてくる。

　代替的法廷地における法的救済があきらかに不適切，不満足であ
る場合においては，法の適用について実質的な評価をしなければな
らないが，この事例においてのスコットランド法は，この範疇に入
らない。すなわち遺族の関係者が厳格責任に基づき，訴訟を提起で
きなくとも，損害賠償額が少なくなろうとも，その当事者の救済権
を奪ったり，不公平に取り扱ったりすることはない。また公的利益，
私的利益の判断についても控訴審決定は誤っている。

　原告の法廷地選択を優先することは代替的法廷地においての公
的利益，私的利益が明確であることが求められるが，その当事者が
外国人の場合においてはその効力は必ずしも優先するものではない。
FNC の法理の目的は真に便利な法廷地を選択することであり，原
告の法廷地選択の優先の原則に従属する必然性はない。私的利益の
判断においても，連邦地裁決定が示すように，スコットランドとの
関係が圧倒的であり，関連する問題の法的証明についてのアクセス
が容易である。

　被上告人（原告 Reyno）は，Piper 社および Hartzell 社に関して
の製造物責任における厳格責任の追求において，米国においての裁
判を主張しているが，関連した証拠の大部分は英国に存在している。
とくに訴訟の第 3 当事者である航空会社およびチャーター会社，パ
イロットの遺産管理人等を引き込むことが米国の裁判所においては
不可能である。また Piper 社および Hartzell 社がその事故について
設計の瑕疵でなくパイロットの過失であることを証明すること，お
よびスコットランドにおける他の当事者達の訴訟を現地において再
び起こされる可能性あること等について，控裁は議論を避けていた。
結果として，原告の選択した法廷地における審判に被告への負担が
ともなえば，FNC の法理の下に却下できる。

第 11 章　法理論の確立と判例

　公的利益の側面においても，連邦地裁の抵触法に基づく適用法規
の決定に問題はなく，スコットランド法の適用は陪審に混乱を引き
起こす可能性は残る。

　結論として，スコットランドは訴訟において非常に強い利害関
係を持ち，事故はその空域において発生しており，Piper および
Hartzell 両社以外の全ての潜在的原告および被告はスコットランド
または英国に居住している。その地域内で起きた紛争は，その地域
の利害関係を持つ土地において解決すべきだとすることはギルバー
ト判決にも述べられている。

　被上告人（原告）側は，米国における裁判によって Piper および
Hartzell 両社の製造について欠陥製品を生み出さないように，生産
工程の管理を厳しくしたり，また過失および厳格責任に基づき訴え
られる可能性が欠陥製品を製造することへの大きな抑止力になるた
め，米国市民にとっても有意義なことであると主張している。しか
し，欠陥製品製造の大きな抑止力が米国における裁判によって生じ
るかもしれないことは，とくに重要な意義は持たない。またこの事
故についての裁判が米国においての司法制度上の重大な役割を見出
すことはできない。これらの理由に基づき，連邦控訴裁判所の決定
を破棄した。Burger 主席判事，White, Rehnquist, Blackmun, 各判
事らも同意した。一方において Stevens, Brennan 各判事は多数意
見に一部同意しなかった[15]。

────────────

[15]　原告らが自身に有利な法を選択するために法廷地において訴訟を起こした
　場合，代替的法廷地において適用される法が原告にとって不利益になること
　が明らかになると，原告が選択した法廷地の裁判所は被告による FNC の法
　理に基づく却下の申立てを例外なく認めている。
　　両判事らはこのような理由により自動的に却下するのではなく，ペンシル
　ベニア州法人である Piper 社が同州において欠陥のある航空機を製造したか
　もしれないという不利な事実があっても，同州が同社にとって不便な法廷地
　であることについて実質的審議をおこなうべきであるとした。
　　すなわち，ペンシルベニア州法抵触法の下に同州の裁判所において外国法

165

Ⅶ フォーラム・ノン・コンビニエンス（FNC）の法理について

　この事例は，国際間の訴訟において FNC の法理を適用した最初の事例となったが，その後，この法理に基づき，米国における訴訟を却下する事例が多くなった。すなわち米国における裁判において，原告側（とくに製造物責任，航空機事故，その他不法行為による損害を受けた者）は自国における裁判よりも多額の損害賠償額を請求し，それが認められる可能性が高いからである。

　このような事例の場合は，被告の住所地において訴訟を提起することからも，対人管轄権を競うことはできない。それゆえに，事故発生地を代替的法廷地として認めている法理論として FNC の法理が選択されたのである。

4　航空機事故を中心とした FNC の法理の適用

　1978 年 1 月 1 日，インドのボンベイのサンタ・クルズ空港を飛び立ったインド航空のボーイング 747 機が離陸直後に海面に激突した事故で，乗客のほとんど全員が死亡し，そのほとんどはインド人であった。そこで，乗客の遺族は，飛行機の部品に欠陥がありこの事故が発生したとして，被告・ボーイング社の本社の所在するワシントン州西部地区の連邦地方裁判所において不法行為に基づく損害賠償を訴求した。それに対して，被告側は，パイロットのアルコール中毒が原因である肉体的・精神的な原因により操縦バランスを喪失したことによりこの事故が起きたと抗弁し，また，これらの原因となるすべての証拠はボンベイにおいて見いだされうるものであるとして，原告と被告の双方にとってボンベイでの裁判が便利なものであるとして，FNC の理論により，裁判地の変更を申し立てた。しかし，同裁判所は，インドにおける裁判はすでに時効に達しており出訴ができない状態にある以上，代替的な法廷地を見いだせない

　を適用して裁判することは FNC の法理に基づく公的利益により直ちに却下
　されることの反論である。

第 11 章　法理論の確立と判例

のであるから当裁判所は原告の提訴を却下できないと判断し，被告
の抗弁の申立てを却下した。

　また，次の判決もボーイング社が被告となる航空機事故の事例で
ある[16]。そして，事件の概要は，台北発高雄行きの遠東航空ボーイ
ング 737 機が離陸 12 分後に空中分解したもので，104 名の乗員お
よび乗客の全員が死亡した。この遺族の中で，米国市民と台湾国籍
を有する者であるが，現在，米国に住んでいる 4 人が，製造業者
であるボーイング社とこの航空機を遠東航空に売却したユナイテッ
ド・エアーライン社を相手にして，カリフォルニア州北部地区の連
邦裁判所に不法行為に基づく損害賠償を訴求した。

　これに対して同裁判所は，次の理由により被告の FNC の申立を
認めて原告の提訴を却下した。つまり，第一に，適切な代替的裁判
所を見いだせること，第二に，事故発生地である台湾は証拠の収集，
証人の証言，および書類の作成等が容易に実施できること，第三に，
欠陥機の製造を米国において阻止するという意味においての法廷地
の利益が充分でないこと，第四に，被告は時効の利益を放棄してお
り台湾における判決に服することに同意していること等である。

　次の判決[17]はリノ事件と非常に類似している。まず，事件の概要
は次のとおりである。

　つまり，英国のイーグル・エアクラフト・サービス会社の米国製
ビーチ・スーパー・キング・エアー 200 を操縦していたパイロット
が，レーダーの故障により，英国海峡横断後，フランスのナント附
近において何ものかに衝突して死亡した。そこで，この英国人パイ
ロットの遺族死亡の原因は衝突ではなく，その後に作動すべき酸素
供給システムの欠陥が原因であるとして，この飛行機の製造会社で

---

(16)　Lui Su Nai-Chao v. Boeing Co., No. C-81-4235 (N. D. Cal., April 12, 1982).

(17)　In Lampitt v. Beech Aircraft Corp., 17Av. Cas. (CCH) 17, 358 (N. D. I11. 1982).

167

Ⅶ　フォーラム・ノン・コンビニエンス (FNC) の法理について

あるビーチ・エアクラフト社に対して不法行為に基づく損害賠償を
イリノイ州の連邦地裁で訴求した。これに対して，被告側は FNC
の理論に基づいて却下の申立をした。そして，この申立を裁判所は
次の理由により認めた。

　つまり，その理由は前述の事例と類似しているが，第一に，事故
発生地，証拠収集地，証人等は海外（フランス）に位置していること，
第二に，被告の私的利害の要素として，英国の証人からディスカ
ヴァリー（証拠開示）を得ることは困難なこと，第三に，イリノイ
州の裁判所は訴訟の結果についていかなる利益も持たないこと，第
四に，原告にとって英国法よりもイリノイ州法の適用が優位である
こと，第五に，原告にとっては代替的な法廷地が存在しており，ま
た，被告は英国の裁判所の管轄権に同意している。さらに，いかな
る判決にも服し抗弁権を放棄することにも同意していること，等で
ある。

　また，次の判決[18]はサウジアラビア航空 166 便，リヤド発ジェッ
ダ行きの航空機が離陸直前に火災を生じて，その火災による有毒ガ
スの発生によって乗客が死亡したものである。しかし，本来緊急非
常用ドアーの開閉が支障なく作動していればすみやかに脱出できた
ものの，そのドアーの欠陥により脱出できなかったことが，死亡の
直接の原因であるとして，乗客の遺族が，サウジアラビア航空およ
びその乗員の訓練をした TWA（トランス・ワールド航空）さらにそ
の航空機の製造会社であるロッキード社を，製造物責任に基づく不
法行為で訴えた。

　原告側は複数の訴訟を統合する意味においてコロンビア特別区
の連邦地方裁判所に提訴した。それに対して，同裁判所は被告側の
FNC の理論による却下の申立を条件付きで認めた。その理由とし

---

(18)　In re Disaster at Riyadh Airport, Saudi Arabia, on August 19, 1980, 540 F.
　　Supp. 1141 (D. D. C. 1982).

168

て，私的利害を考慮した場合に，被告にとって，証拠および証人が存在するサウジアラビアにおいて訴訟を行う方が米国内においてよりも，訴訟経済的に，証人の喚問，証拠収集等の点で費用が安くつく点が挙げられた。

さらに，公的利害の側面では，米国連邦地方裁判所の訴訟日程が混雑している点も考慮されるべきである。また，外国の法廷地がその争点解決のためのより重要な利益を持っていること，つまり，被告の一人であるサウジアラビア航空にとって同社自身の権利を保護するためには事故発生地でもあるサウジアラビアにおける裁判の方がより便宜なものになると考えられる，と判断した。

また，次の判決[19]は日本の保険会社を巻きこんだものである。

この事件はテキサス州南部地区の連邦地方裁判所に提訴されたものである。事実の概要は1978年5月13日に日本で発生したヘリコプター衝突事故において原告が1,800万ドルの損害賠償を同ヘリコプターの製造会社であるベル社に求めたものである。

同機はそのモデル名もベル214B型と言い，テキサス州において製造・設計されたものである。その後，同機は米国三井物産に売却され，日本の三井物産本社に転売され，さらに，朝日航空にリースされたものである。この事故は最初の売買の2年後に発生したが，同航空会社はこのヘリコプターを建設資材の運搬に使用中に，この衝突事故により建設労働者が死亡した。

日本の運輸省の事故調査委員会は，この事故の原因を減速の為のギヤー・ボックスの欠陥によりメイン・ローター・ブレードのエンジン出力が突然に低下したことである，と結論づけた。原告である東京火災海上保険会社は朝日航空の保険代理人であり，建設労働者の遺族にすでに損害賠償額の支払いを終えている。その結果，同社

---

[19] Tokio Marine and Fire Insurance Co. v. Bell Helicopter Textron, 17Av. Cas (CCH) 17, 321 (S. D. Tex. 1982).

Ⅶ　フォーラム・ノン・コンビニエンス（FNC）の法理について

はその損害額の求償を求めてベル社に対して製造物責任訴訟を提訴
したのである。

　被告側はFNCの理論に基づき却下の申立をしたが同地裁は次の
理由により被告の申立を否定した。つまり，日本の裁判所は，その
法が厳格責任および黙示の保証責任を認めた米国法に比較して原告
にとって必ずしも優位ではないという事実にもかかわらず，適切な
代替的法廷地であると考えられる。しかし，第一に，この事件にお
いては米国の対人管轄権に従属しなかった潜在的第三者が存在し，
被告はこの事故に関してその第三者が潜在的に有責であることを認
めながらも何らの告発もしなかった。そして，第二に，日本の運輸
省の事故調査委員会がこの欠陥を結論づけた調査にはベル社の従業
員5人も含まれていたこと等を考慮するべきである。そして，公的
利害の側面を考えると，被告会社の製造物責任に関するクレームは
その地域においての利益を持つものだとして，テキサス州での訴訟
の維持およびテキサス州法の適用を肯定的に判断した。

　また，次の判決[20]はスウェーデンのマルモ・ストルウプ空港にお
いて1980年2月28日に発生したパイパーPA34型航空機の事故に
関する製造物責任訴訟であるが，ニューヨーーク州の第一審裁判所
は以下のように判断した。

　つまり，同裁判所は代替的な法廷地であるスウェーデンはこの訴
訟との実質的な因果関係を持っており，また，両当事者にとっても
便宜性および正義の実現のためにもスウェーデンの法廷が最高の役
割を果たすものであるとして，同州民事訴訟法327条のFNCの規
定に基づいて被告の申立てを認め，原告の訴えを却下した。

　そこで，これらの6件の航空機事故の事例における法廷地の判断
を整理すると，前記のとおり，4件についてはリノ判決に従ってお

---

[20]　Wahlin v. Edo, 17 Av. Cas.（CCH）17, 562（N. Y. Sup. Ct. 1982）.

第 11 章　法理論の確立と判例

り，他の 2 件についてそれとは反対の結論を導いている。

5　マスコミにおいて注目された FNC の法理の適用の判決

　これまでの判例に従えば，事故発生地における裁判の方が実際上，証言，証人の出廷，証拠品の採集等において便利であることは事実である。しかし事故発生地と製造地において，その事故原因がどちらに比重が置かれているかによっても異なることもある。代表的事例として，日航の御巣鷹山における墜落事故に対しての Boeing 社への訴訟とインドのボパールにおける Union Carbide 社の工場爆発事件に関する訴訟およびスキーケーブルカー訴訟である。日航の御巣鷹山事件はあまりにも有名な事件である。この事故の被害者の遺族が Boeing 747 の製造会社に対して，その修理に対する過失責任に基づき，損害賠償請求訴訟をワシントン州キングズ郡の地方裁判所に起こした事例である[21]。同地裁は被告である Boeing 社が同州における対人管轄権を認めたうえで，同社が日本における損害賠償責任について争いがないことを自認していること，および事故発生地である日本においての裁判の方が証拠の収集，証人の証言等において便利な法廷地であるとして，結果発生地としての日本における裁判がより便利であると判断し，FNC の法理の下，原告の請求を却下している。

　この決定は，事故原因の特定をワシントン州よりも，事故発生地である日本に，より重点をおいたものであるが，実際問題として，Boeing 社はこの事故機の後部隔壁の修理に要する技術者と部品を日本に送り込み，現地において修理したことを自認している。

　このような事実関係に立つと，ワシントン州は単に Boeing 社の

---

[21]　鈴木五十三「米国における日本航空機事故訴訟」法学セミナー 394 号 18 頁。Donald Myers, et al., Decederts v. The Boeing Company W864 King County Court house Seattle, Washington W86-2-15787-5 and Cosolidated Actions June 24 1987.

Ⅶ　フォーラム・ノン・コンビニエンス（FNC）の法理について

本社が所在するだけであり，直接の事故原因の発生地としてはとらえにくい。しかし事故機に関しての修理は，Boeing 社が直接指示し，技術者を派遣し，その修理についての安全性に保証を与えた以上，ワシントン州における Boeing 社の業務の一環として考えられなくもないが，同地裁は，このような法的構成を認めなかった。

この決定において問題となるもう一つの要因がある。これは日本人以外の原告についてはワシントン州においての訴訟を認めていることである。

この解釈はおそらく日本人以外の外国人に対して，日本において訴訟をおこなうべきであるとする FNC の法理を適用できなかったと推測する。

日本人にとって日本は，居住地であり，本来訴訟を提起することにおいて便利な法廷地であるが，外国人（米国人も含む）にとっては非居住者であり，外国における訴訟は不便な法廷地になりうるものである。

最終的にこの決定は，同州最高裁において確定したため，日本人原告における米国ワシントン州においての訴訟は提起できなくなった。この決定の骨子は，Piper 判決に従っており，その論理構成は原告の居住地と事故発生地が同一であることから，日本を便利な法廷地として認めている点である。すなわち米国における訴訟は，原告がより厳格な米国法のもとに，さらに明確な因果関係の特定と，より高額な損害賠償額の請求ができるものとしておこなわれたのではないかと推測される。

補足として，2015 年，日航御巣鷹山墜落事故より，30 年経過し，新たな事実が新聞，テレビ等により報道され，正式な証言ではないが日本において後部隔壁の修理についてマニュアル通りにおこなわれていなかったことが伝えられる。しかし既に民事責任も確定しており，刑事責任も日米両国にまたがる司法の壁の下，業務上過失致

第 11 章　法理論の確立と判例

傷罪の立件は告発できないことで決着している。

　Boeing 社の修理ミス，日航の点検ミス，運輸省の最終チェック確認ミスという三重の過失責任が共同不法行為として発生したものであるが，日本の裁判においては確たる検証のないまま，被告人が事実関係を認め，損害賠償の支払いを早期に確定してしまった。

　しかるに，マニュアル通りの修理がおこなわれなかったという，このような懲罰的損害賠償を請求できるような新たな事実の判明からも，事故当時の裁判において何ら争いもなく Boeing 社の主張通り単純な修理ミスであったと認めてしまったことを考えれば，改めて米国の裁判所において証拠開示手続（discovery）をおこなうべきではなかったかと思われる。

　これに比較して，1996 年 7 月，ニューヨーク州ロングアイランド沖に墜落した Boeing 747 機（Trans World Airline 800 便）の原因究明において，米国の国家運輸安全委員会（NTSB）は海中から，同機の残骸を 95 ％回収し，復元して，空調装置の加熱による回線がショートして燃料に引火した事実をつきとめている。

　このような実情を鑑みると，航空機事故に対する日米両国の対応に相当の相違があり，一方，御巣鷹山事件は日本において発生していることからも。NTSB の介入は考えられない。結果として，日本の事故調査委員会では予算も権限も限界があり，このような不透明な事故原因の究明になってしまったと思える[22]。

---

[22]　青山透子『日航 123 便墜落の新事実』河出書房新社（2017）この著書によると，後部圧力隔壁の修理ミスはボーイング社による一方的な通告であり，その後この修理ミスに基づいて事故原因が確定したことである。

　当時から後部圧力隔壁の破裂だけでは尾翼全体が破損することはありえないとする説も有力であり，何らかの外的要因による損傷が尾翼を破損させたことについて検証すべきであるとしていた。

　このような事実から考察すると，たとえ FNC の抗弁が却下され，ワシントン州での裁判が可能になったとしても，真相究明することは実質的に不可能であると思えると推測される。

173

Ⅶ　フォーラム・ノン・コンビニエンス（FNC）の法理について

　FNC の法理の抗弁の使われ方は，被告側にとっては不利な法を持つ法廷地での裁判を拒否するために使用され，原告側から行使されることはない。米国内の連邦裁判所間においては FNC の法理の抗弁はあまり認められない事例が多いが，国際間の訴訟においては認められる傾向が強い。これは米国の裁判所に多くの訴訟が持ち込まれることを阻止するための一種の司法対策ともいえる。

　御巣鷹山事件と同様に，インドのボパールにおいて発生した Union Carbide 社の工場爆発により，3,000 人以上の死者と 20 万人以上の被災者を生ずる大惨事となり，インド人の被災者ら原告はニューヨーク州南部地区連邦地裁に損害賠償請求訴訟を起こしたが，FNC の法理に基づき事故発生地におけるインドにおいての裁判が，証拠収集，証人喚問等の問題において最も適切な法廷地であるとして却下されたため[23]，連邦最高裁に裁量的上告をおこなったが，却下されたため最終的に和解に応じた[24]。

　両判決とも米国企業の利益を優先したような事例であり，かつ米国人の原告が含まれていない事例である。このように FNC の法理は事故発生地を適切な法廷地とみなしつつも，その判断基準は各々の事例において必ずしも一致するわけではない。この FNC の法理を対人管轄権の認定のための 5 原則と融合したものと考察してみると，適切な法廷地の選択と対人管轄権の取得が同一線上の問題としてとらえることができる。

　堀越豊弘『日航機 123 便墜落最後の証言』平凡社新書（2018）この著書によると，フライトレコーダー上，外部的要因による墜落は考えられないと断言している一方で後部隔壁破裂説にも疑問があり，徹底した原因究明がおこなわれるべきであったとしている。

　そのために，やはり，私の個人的な見解としては，米国の裁判所におけるディスカヴァリーが必要ではなかったかと考えられる。

[23]　小林秀之，斎藤善人「アメリカ国際民事訴訟法の最近の動向：国際製造物責任訴訟における司法共助を中心に」上智法学 32 巻 2. 3. 1989 年。

[24]　809 F2d 195（2dcir）. cert. denied. 484 U. S. 871（1987）.

また，さらに同様な法理に基づく判決が下されている，2000 年
11 月にオーストリア中部のザルツブルグ州カルブンにおいてトン
ネル内でスキーケーブルカーに火災が発生し 155 名が死亡する痛ま
しい事故が発生した。この事故に関して米国及び日本人を含む外国
の被害者の遺族は，事故に関係した米国企業を相手に，米国におい
て訴訟を提起した。2007 年 6 月，ニューヨーク州南部地区連邦地
方裁判所は外国人原告について被告からの FNC の法理に基づく訴
えの却下の申し立てを認めて原告の訴えを却下した[25]。

　却下した理由は次のように述べられている。
(1)　原告は米国との関係がなく，事故はオーストリアにおいて起
　　きている。
(2)　被告である米国企業は，実際の事故に関係したオーストリア
　　及びドイツの企業の関連会社であり，事故との直接的な関係は
　　ほとんどない。
(3)　原告はオーストリアにおいてもこの事故に関係した訴訟を起
　　こしている。
(4)　オーストリアにおいては米国の判決は判例として認めていな
　　い。

　同裁判所は(1)の事実関係から，原告が選択した法廷地と事故と
の関連性が希薄であるとして，(2)の事実関係から，原告の訴訟は
フォーラム・ショッピングであることが明らかで有原告に法廷地選
択の優先権を認めなかった。また，(3)の事実関係から，オースト
リアが適切な法廷地である判断した，さらに，(4)の事実関係から，私
的利益要因の観点から解釈すると，被告が米国において無罪になる

----

[25]　499F. supp. 2d 437 (S. D. N. Y 2007).

Ⅶ　フォーラム・ノン・コンビニエンス（FNC）の法理について

可能性が高かったとしても，その判決が認められず，基礎的事実に関して新規に外国において訴訟を起こされる可能性があるため，被告にとって極めて不利であると判断した。最終的に原告の控訴は第2巡回区控訴裁判所により却下された[26]。

このように米国においては他州に住居する被告に対して，訴訟を提起する場合には，その被告に対してその州への対人管轄権の行使が認められ，かつ適切な法廷地であることを認定しなければならない。これらの認定の基礎となる根拠条文は，連邦憲法修正14条であり，それに基づく各州のロング・アーム法であり，FNCの法理でもある。

しかし，2007年3月，連邦最高裁はFNCの法理について以下のような画期的な決定を下した。被告が対人管轄権および事物管轄権

---

[26]　Geier v. Omening low Corp 357. Fed, APPX 377（2nd. Cir. Dec. 21. 2009）この判決の summary order（略式判決）において，被告側の Forum Non Convenience に基づく主張を認め，連邦地裁判決を確認した。

　　日本人原告は連邦控訴手続法29条の下において，日本の外務省に amicuscuriaes（法廷助言人）に基づく amicusubrief（意見書）を連邦控訴裁判所に提出することを請求したが，拒否されたため，自民党の森まさこ議員から質問があった。

　　当時の外務大臣岡田克也氏は以下のように述べている。

　「（前略）ご遺族から，御依頼のあった米国連邦巡回裁判所判事あての文書の署名については，原則として私人間の民事裁判への政府の関与は困難であるという観点，あるいは米国外で行われた行為により米国人以外の者が損害を被った事案について米国の裁判所の管轄外であるとの判断が下されたものであることなどを総合的に検討した結果，当該御依頼には沿えないという結論に至ったものであります。

　（中略）加えて，先ほど申し上げましたように，米国人以外のもの，今回，日本人が米国以外で損害を被ったものについてその米国の裁判所で訴訟を行うこと，それは管轄外であるというのは，私は常識にかなった一つの判断であるというふうに思いますので，そういった事案についてまで日本国政府あるいは外務省として一定の文書を出すということには慎重でなければならないというふうに判断した次第であります。」第14部　決算委員会会議録第五号，平成22年4月12日【参議院】17頁。

176

第11章　法理論の確立と判例

を有しているかどうかを判断する前に，原告が訴訟を提起した裁判所よりも他の裁判所においての審理が便利な法廷地として明らかに認められる場合，FNC の法理の下に被告による当該裁判所への却下の申立てを認めるとした決定を，Ginsburg 判事ら全員一致の意見の下に認容した[27]。

このように，この法理の解釈の幅は極めて大きいことからも，判例の積み重ねにより，判例法として機能しているが，事実上，裁判官の裁量に基づく解釈であり，各々の事例により異なる。その事案を実質的に審査するまでは，その結果を予見することはかなり難しいと考えられる。

この問題は連邦制度を持つ米国においての特有の問題であり，他の連邦国家では，あまりみられない法的現象である。

---

[27]　Shinochem International v. Malaysia International Shipping, 127 S. Ct. 1184, (2007), 549 U. S. 422. 対人管轄権の有無を審理せずに FNC の法理を利用して中国の会社による却下の申立てを認めた。この事例は中国の会社である Shinochem 社がマレーシアの海運会社の船舶を中国において差押さえたのに対して，マレーシアの会社がペンシルベニア州連邦地裁に訴訟を起こしたのに対して，中国の会社が連邦最高裁まで争って，結果的に中国の会社の却下の申立てが認められた。これにより中国において裁判がおこなわれる。

Ⅷ

対人管轄権訴訟の新動向

終章　最新の連邦最高裁判決動向からみえる今後の潮流

1　Burnham 判決[1]のもつ意味

　1990 年のこの判決は，裁判管轄権訴訟に大きな変化をもたらしたものと言える。

　事実関係は単純な離婚訴訟に関する対人管轄権訴訟である。

　上告人である Burnham はニュージャージー州民である。妻である Francie Burnham は，離婚する意思をもってカリフォルニア州に移住して，18 カ月が経過していた。その後 Burnham が商用を兼ねて子供と会うために同州を訪問中に，妻の自宅訪れた際に，妻から離婚訴訟の招喚状を手渡された。

　上告人である夫は同州裁判所に特別出廷し，対人管轄権を争ったが，同州において夫に対する対人管轄権が認められたため，連邦最高裁に裁量的上告をした。

　連邦最高裁は上告人の申立てを破棄し，カリフォルニア州の対人管轄権を認める判決を支持して，全員一致で上告人の申立てを認めなかったが，その判決理由は大きく二分された。

Scalia, Rehnquist, White, Kennedy 判事らの意見

　カリフォルニア州における上告人への対人管轄権を行使するために手渡しによる訴状と裁判への召喚状の送達は伝統的な管轄権の原則である physical presence（身体的存在）に基づき認めることは修

---

[1]　495 U. S 604（1990）.

正 14 条の適正手続条項に違反しないとした。

　上告人がカリフォルニア州に滞在したことと離婚訴訟との間に直接的な結びつきがなく，従来の対人管轄権を認定するためのミニマム・コンタクトの存在を必ずしも認定できないが，今回のような上告人（被告）が訴状を直接，身体的に送達された，Transient jurisdiction（一時的管轄権）のような事例はミニマム・コンタクト（最小限度の関連）を適用せず，伝統的な physical presence の理論に基づき，対人管轄権を認める同数意見を示した。この意見は Shaffer 判決以来，対人轄権訴訟においてはミニマム・コンタクトをその判断基準にしてきたことから，Transient jurisdiction を適用した画期的判断を下した。

　だが，これに対して Brennan, Marshall, Blackman, O'Connor, 判事らは従来のミニマム・コンタクトに基づいて認定すべきであるという判断を示した。

　すなわち，歴史的判決である International Shoe 判決以来の対人管轄権訴訟のミニマム・コンタクトに基づく判例理論の流れの中で一時的所在の理論を復活させることは疑問である。すなわち，あくまでも修正 14 条によるフェア・プレイと実質的正義の理念により，被告はその一時的所在により訴状を送達されるかもしれないという予見可能性を認識し，その結果として，法廷地州の法の利益と保護を享受しているからである。

　これらの事実は被告が意図的に法廷地州にはいり，同州において様々な法的特権を利用したことから，ミニマム・コンタクトが発生しているとしている。

　ゆえに，訴状の直接送達により被告本人の身体的存在に基づき対人管轄権を認めさせたことは従来の判例理論の流れの中において逆行させるものであるとして批判した。

　これに対する Scalia 判事は次のような再反論を述べている。

終章　最新の連邦最高裁判決動向からみえる今後の潮流

　法廷地の利益，保護等の便益を同州の３日間の滞在において享受することが上告人に対して対人管轄権に服させることが公平，公正な役割に反しないであろうかということである。

　すなわち，３日間の滞在が上告人（被告）による法廷地の意図的利用によりミニマム・コンタクトが生じるという理論は形式主義的である。一時的滞在（Transient jurisdiction）を認めることによって上告人に対する対人管轄権を認めることの方が合理的である。

　結論として，明確に被告の滞在に基づく訴状の手渡しはミニマム・コンタクトの理論を適用せず，Pennoyer原則に基づいてphysical presence により，対人管轄権を認定することが法解釈上明確であると述べている。

　事実関係として，上告人である Burnham はニュージャージー州において妻と「和解しがたい不和」を理由として離婚に合意し，妻と子供は別居するために カリフォルニア州に移住した。それにもかかわらず，同氏はニュージャージー州において妻に対して離婚訴訟を起こし，訴状を送達せずに取り下げた。その後妻がカリフォルニア州において離婚訴訟を起こした。しかし，その事実を知っていたかどうか，また訴状が送達されていたかどうかは不明である。しかし夫が同州を訪れたという事実で何らかの法的問題が発生することも予想できたかもしれない。

　また，夫がニュージャージー州に居住したまま，妻がカリフォルニア州において訴訟を起こした場合，同州の対人管轄権を夫に対して行使できるかは，Kulko 事件[2]の先例からどのように判断されるかは明確ではない。

―――――――――――――
⑵　Kulko v. Superior Court 436 U. S. 84.
　　ニューヨーク州において離婚が確定し，妻が カリフォルニア州に移居した。２人の子供は夫のもとに残ったが，その後，子供達が離婚の時の同意とは異なるが，カリフォルニア州の妻のもとに移住することを希望したため，その移住に同意した。

Ⅷ 対人管轄権訴訟の新動向

　上告人がカリフォルニア州の妻の家を訪れることを，本人が事前に通知して訪問したのか突然訪問したかについての事実は明確でないが，いずれにしても双方とも離婚に対して合意しており，残る問題は養育費等の支払いというより重大な訴訟に巻き込まれる可能性があり，それゆえに，離婚に関する訴状を現地において直接送達されることは予見できたことである。前述したように，妻がカリフォルニア州においてニュージャージー州に居住する夫に対して離婚訴訟を起こしても，夫に対するカリフォルニア州の対人管轄権の行使を認められるかどうかについては明らかではない。むしろ，認められない可能性がある。

　一方において，妻側としては夫の妻宅の訪問は面倒な対人管轄権訴訟を争わず同州においての対人管轄権を認めさせるまたとないチャンスであった。

　他方において，夫側としても既に離婚に同意しているのであるから，正式な離婚訴訟および養育費請求訴訟を起こされる可能性を十分に認識できる立場であった。迂闊にも妻宅を訪問したことにより訴状を直接送達され，その結果としてカリフォルニア州の対人管轄権に服することになった。

　また，2名の判事が独自の見解を述べている。

　その後，子供達は同州に移住したが，妻側が養育費の請求訴訟を同州で起こしたが，夫側は対人管轄権を競った。
　同州最高裁は夫に対する対人管轄権を認めたが，夫が裁量的上告を連邦最高裁におこなった。上告は受理された。
　同最高裁は夫が妻のもとに子供を送り出した行為が同州において法的利益および特権を意図的に利用したとして，
　ミニマム・コンタクトを認めた。しかし連邦最高裁はこの程度の行為においてはミニマム・コンタクトは認められないとして，同州最高裁判決を破棄した。

White 判事の同意意見

Scalia 判事の意見にほとんど同意しているが，州内に存在する者への訴状の送達は推定的な合憲性により認められるとして，法廷地における被告が存在していることは単なる偶然性でなく，被告が意図的に存在している時のみ認められるとしている。

Stevens 判事の同意意見

Scalia 判事以下 4 名の意見，また，Brennan 判事ら 4 名の意見にも同調していない。

両者の意見を総合して解釈すれば，一時的滞在に基づき対人管轄権を認めることは非常に単純な事件である，しかしながら，射程の広い解釈により，一時的滞在に基づく対人管轄権を幅広く認めるべきではないとした。

2　2011 年判決について

(a)　J. McIntyre Machinery Ltd. v. Nicastro[3]

1990 年の Burnham 判決以降，21 年ぶりに裁判管轄権に関する連邦最高裁判決が 2 件下された[4]。

この判例は Asahi 判決，Burnham 判決以降の下級審判決の不統一性を連邦最高裁が裁判管轄権の解釈について再度確認する意味で判断を示した。

特に重要な判例は製造物責任訴訟の対人管轄権の認定について示した McIntyre 判決である。

これらの判決は Asahi 判決，Worldwide Volkswagen 判決以来，欠陥商品を製造した企業に対する製造物責任訴訟における対人管轄

---

(3)　131 S. Ct. 2780 (2011).

(4)　太田 幸夫「アメリカ法における裁判権法理の新たな展開」駿河台法学 27 (1)，2013 年 9 月，87-126 頁。

Ⅷ　対人管轄権訴訟の新動向

権を特定的と一般的と分別して[5]その範囲どこまで認めるかについ
ての新たな判断を示している。

事実の概要

2001 年ニュージャージー州民である Robert Nicastro は，英国の
J. McIntyre 社の金属剪断機を使用中，その機械の何らかの欠陥に
より，手に重傷を負った。

McIntyre 社は英国の法人であり，この機械も英国において製造
されたものであり，原告である Nicastro は製造物責任に基づく損
害賠償請求訴訟をニュージャージー州第一審である事実審裁判所に
おこした。これに対して J. McIntyre 社は，ニュージャージー州に
おける対人管轄権の存否を争った。

しかし，最終的に同州最高裁は，同社がアメリカおける独立した
販売会社にこの剪断機の売却に同意していたこと，同社が公式に産
業破棄物処理業界の大会にニュージャージー州を除く数々の州にお
いて出席していたこと，すくなくとも 4 台以上の剪断機が販売業
者を通じて販売されていたこと等の事実があげられた，これらの事
実からも，被告である同社はこの剪断機が米国内の販売システムに
のって販売されるという事実を相応に知るべき立場にあったとして，
ニュージャージー州に対人管轄権存在するとして原告の主張を認め
た。

被告である J. McIntyre U. K 社はこの州最高裁判決を不服とし
て連邦最高裁に裁量的上告をおこない受理された。

---

(5)　Von Mehren and D. Trautman, Jurisdiction to Adjudicate. 79 HARV. L.
Rev. 1121 (1966). この論文において Specific と General に対人管轄権を分別
する理論が示された。拙稿・国際商事法務 vol. 27 No. 9 (1997 年) 1014 頁。

Kennedy 判事ら 4 名の相対的多数意見

（Roberts 主席判事，Scalia，Thomas 各判事同意）

修正14条の適正手続条項は法的手続きによらなければ個人の権利を侵害することはできない。すなわち，その適用範囲内にいる当事者のための行為を規定している主権が権限行使するよりも，司法手続きを通じて紛争を解決すること事の方に正当性があることを意味している。

International Shoe 判決における公平な役割と実質的な正義という概念がその訴訟において維持されている限り，被告とその主権権限の下に充分なミニマム・コンタクトを持っているものとして，裁判所は被告を判決に服させることができる。

すなわち，基本的な公平性というものがなければ判決に有効性がないものとみなされる。特に，製造物責任訴訟においては，被告の法廷内においての活動および特権の利用，または保護を受ける等の意図的な利用という行為が伝統的な公平な役割と実質的な正義という概念と一致することである。

法廷地において被告がコンタクトを持ち，またそこから生じた訴訟が州の主権に向けられた意図的な活動であれば特定的対人管轄権(6)として正当化される。

一方，明白な同意，訴状の直接送達による州内の存在，住所，市民権，会社の設立地，主たる営業を行っている場等にみられる行為は，いずれも法廷地において意図的な活動をおこなっているものであるが，一般的管轄権として区別されるものである。

次に，通商の流れと対人管轄権との関係は製造物責任訴訟における重要な架け橋となっている。この通商の流れとは製造業者から販売業者そして消費者への物品の移動である(7)。

---

(6) 特定的管轄権の典型例として Burger King v. Rudzewicz, 471 U. S. 462 (1985)，この判決については詳しく前述した。

Ⅷ　対人管轄権訴訟の新動向

　判例において，被告である製造業者が，その物品を法廷地におい
て消費者によって購入される期待をもって通商の流れに置くことは，
その法廷地における被告の意図的な利用であることを示した。この
行為は被告が法廷地に直接存在しなくても管轄権に従わせる適切な
事例の前提条件となっている。

---

(7)　流通の流れ理論に基づく製造物責任訴訟における対人管轄権に関するリー
　ディングケース州最高裁段階においては，Gray v. American Radiator &
　Standard Sanitary Corp事件 "22 Ill. 2d 432, 176 N. E. 2d 761 (1961)" である。
　この判決は長期間にわたり州外の製造業者に対する原告側からの対人管轄権
　の取得のための判例法的役割を果たしていた。この事件の概略は以下のとお
　りである。
　　被告であるオハイオ州法人のバルブ製造会社は同州内においてバルブを製
　造しており，そのバルブをイリノイ州の独立した会社に売却した。この会
　社はペンシルベニア州においてそのバルブをウォーター・ヒータに取り付け，
　その完成品をイリノイ州において販売していた。このヒーターをイリノイ州
　内において購入した原告は同州内に居住しており，その居住する家において
　そのヒーターを使用中に，そのヒーターの構成部品であるバルブの欠陥の原
　因から爆発が生じたことで負傷した。
　　この事実関係から原告はイリノイ州地方裁判所にオハイオ州のバルブ製造
　会社を製造物責任訴訟に基づく損害賠償請求訴訟を起こした。
　　これに対して，同社は対人管轄権を争ったが同州最高裁判所は次の理由に
　よって被告の請求を却下した。
　　被告であるオハイオ州法人のバルブ製造会社はイリノイ州において何らの
　活動もしていないことは事実であるが，自社製品のバルブが取り付けられた
　ヒータが販売の連鎖を通じてイリノイ州内の最終消費者に売却されたことに
　ついての予見可能性を認識していたと推測されることからも，不法行為の結
　果発生地である同州において十分な意図的活動を行っていると考えられるこ
　ととするとミニマム・コンタクトが同州に存在するに十分な要件を満たして
　いるとして，合衆国憲法修正14条に違反しないと判断した。
　　この判決からうかがえることは，製造業者がその製品についての製造物責
　任上の対人管轄権をどの程度の範囲内までに及ぶのかが重要な争点となっ
　ている。すなわち，製造業者が予見可能性をどの程度の範囲内において認識
　すべきであるかどうかである。この範囲を認定する重要な要件は製品が販売
　の連鎖によって系統的に最終消費者に購入されているかどうかという点にあ
　る。この要件から考察すると，原告である消費者は必然的にその製品の購入地，
　居住地，事故発生地が同一であることが要求される。

188

終章　最新の連邦最高裁判決動向からみえる今後の潮流

　すなわち，被告による物品の移動から生ずる対人管轄権の行使は
その物品を法廷地州に狙いを定めて流通する時のみ認められるので
あり，被告が単にその物品が法廷地に到達するだろうと予測しただ
けでは不十分である。

　流通の流れの中に製品を置くことを前提条件とした対人管轄権は，
法廷地にその製品が市場において流通していることを認識する限り，
修正14条の適正手続き条項のもとに認められる。すなわち，通商
の流れの中に製品を置くことは，製品が市場において流通すること
を意図して市場に置くことであり，その製品がその法廷地において
意図的に仕向けられた行為の結果としてミニマム・コンタクトが認
定されるとしている。

　次に対人管轄権については法廷地と法廷地，または主権と主権と
の間の分析である。

　被告の行為が主権に基づく管轄権内に存在するかどうかは，経済
活動または社会活動がその行為の形成過程にあったかどうかにあり，
それゆえに，主権はその行為に基づく判決を被告に服させる権限を

　一方，被告である企業は事故発生地において何らの営業活動も行わず，か
つ，営業所を置いていない事例が見うけられる。

　このような場合，事故発生地州における販売店から製品を購入した消費者
がその居住する州内においてその製品の欠陥から損傷をうけたという事実関
係はその製品が段階的な流通過程を経て最終消費者の手にわたっている事実
からも，製造企業はその事実についての十分な予見可能性を認識できたとし
ている。

　しかし，いったん，その製品を州外に持ち出してそこでの使用中において
欠陥により損傷をうけた場合には，たとえ，その州が事故発生地州であっても，
その製造企業が何らの営業活動もその州においてなしていないとするとその
製品は流通の流れの外に置かれたものとみなされ，予見可能性を認識できな
かったことによりその州においての対人管轄権は認められないとしている。

　このグレイ判決における製造物責任訴訟における対人管轄権の認定につい
ての理論は長期間にわたり連邦，州裁判所における先例となった。拙稿「ア
サヒ判決以降の対人管轄権訴訟に関する米国連邦裁判所の判決動向〔上〕」国
際商事法務 Vol. 25, No. 11（1997年）1191-1192頁。

189

Ⅷ　対人管轄権訴訟の新動向

もっているのである。

　一方，対人管轄権は当然州の主権の問題としてではなく，個人の自由権の問題として司法的権限を制限するのである。なぜなら適正手続条項は合法的な権限にのみ服している個人の自由権を保護しているからである。すなわち，判決が合法的であるかどうかは州の主権がそれを可能にするための権限を持っているかどうかに基づいている。

　次にこの判決において，連邦管轄権についての仮定的な見解を述べている。

　被告は特定の州ではなく合衆国裁判所の管轄権に従属するかもしれないとして，それは連邦憲法上において連邦管轄権を全米的な管轄権としてとらえたことである。

　このような意見を相対的多数意見の中に言及したことは非常に斬新な意見である。本来連邦裁判所の管轄権は，憲法上の規定された事項及び州際相違に関する争点に限定されているからである。たとえば州際相違に基づいて被告がニュージャージー州連邦裁判所に移送した場合，対人管轄権にどのような決定を下すかについてはまったく見当がつかない。しかし，被告が連邦裁判所に訴える場合はこのような手段しか見出すことができない。

　上記の見解は私見ではあるが，なぜこのように連邦裁判所とのコンタクトを新たな視点でとらえたことは，実に漸進的である。

　結論として，相対的多数意見は次のように述べている。

　被上告人 Nicastro は上告人 J. McIntyre がニュージャージー州において何らの意図的行為をしていることを示せなかったとしている。

　第一審，事実審裁判所の証拠開示において，ニュージャージー州に到達した剪断機を除いて，他に何らのミニマム・コンタクトも見いだせなかったとして，原告の訴えを対人管轄権がないとして却下している。

終章　最新の連邦最高裁判決動向からみえる今後の潮流

　しかし，同州最高裁判所は流通の流れの理論のもとに同州におい
てミニマムコンタクト及び何らの存在を見い出せないとしても流通
の流れの理論の下に上告人を訴えられるという判断を示した。しか
し，流通の流れという比喩は適正手続条項の委任または同条項が保
証する司法的権限の制限のいずれも超越することはできない。

　同州最高裁が欠陥製品から市民を保護するための同州が相当な利
益を持っていることをその判決を正当化するための意義深い政策上
の理由として述べているが，この利益は疑いもなく重要なものでは
あるが，便宜的な名目的解釈の下に，憲法上の自由権を放棄する前
に，州の主権の行為について制限するべきである。

　適正手続条項は合法的な権限にのみ服する上告人の権限を保護す
るものであり，上告人は同州において法の保護の下に利益を得たり，
または援用したりするための意図を示すようないかなる活動も行
なっていない。同州は J. McIntyre の責任と権利を裁くための権限
がないことからも，対人管轄権の行使は適正手続に違反であり，同
州最高裁判決を破棄した。

Breyer，Alito 判事の一部同意意見

　急速に増大している世界経済のグローバリゼーションが産業の
障壁として国境を狭めたという見解の下に対人管轄権の幅広い解釈
を援用しているが，多くの通信，通商における取引が変化している。
しかし，判決はこれらの変化に対応するものではない。

　一方，被上告人である Nicastro は，被告である J. McIntyre 社が
同州において対人管轄権を行使するための憲法上の正当性を示す責
任を果たせなかった。

　また，流通の流れにおける問題において，対人管轄権の立証責任
を負っている，被上告人である Nicastro は同州において製品を売
るために英国の製造会社による特定的な努力の成果を示していない。

191

Ⅷ 対人管轄権訴訟の新動向

同州の顧客が規則的に産業見本市出席していたという，リストも示していない。

そして，英国の剪断機メーカーが同州の使用者によって，購入されるという期待をもって，通商の流れの中に商品を引き渡すこと，また同州内においてそのような活動を導くための意図的にその特権を利用していることも示せなかったため，多数意見は対人管轄権を制限するという見解を述べている。

たとえばウェブサイトから商品を市場に流通させることで世界の市場を目標とする会社に対してはこれらの標準はどうなるか，商品を直接に船積みしないような取引はどうなるか，一例として，注文を果たし，それを受け取るために中間業者を通じて商品を委託するAmazonのような会社である。またポップアップ広告を通じてその会社の商品を流通市場に投入することにより直接的に法廷地にアクセスできる場合はどうなるであろうか。

これらの争点は重大な通商上の結果をもたらすが，本件の訴訟とはまったく関係ない。

多数意見の厳格な対人管轄権の認定のルールには同意できない。また，被上告人とその法廷代理人により主張され，同州最高裁によって認められた完璧な見解にも納得し得ない。

この見解の下で，製造業者は50州のいずれにおいても売却される製品が国内的な流通制度を通じて販売されることを認識し，また，認識できるかぎりにおいて製造物責任訴訟における対人管轄権に服するということである。しかし私はその見解には同意することはできない。多数意見あるいは，ニュージャージー州最高裁判決も商取引制度をよく理解せずに法の変化というものに対応していない。

多くの先例，そしてニュージャージー州最高裁判決によって見出された限定した事実を支持したとしても，これらの根拠に基づけば，この事実関係から対人管轄権を見いだすとは思えない。

終章　最新の連邦最高裁判決動向からみえる今後の潮流

　単に，流通市場を通じて，製品を売却したことにより対人管轄権を認めることは，製造会社が大企業であれ中小企業であれ，同一に判断することになり不公平であり，またその製品の売却が少なかったとしても，その州において孤立的な売却，たとえばケニアのコーヒー栽培会社またはエジプト綿のワイシャツを製造するブラジルの中小企業の製品が単発的に流通市場において売却された場合も同様に対人管轄権を認められてしまう。

　すなわち，単なる，法廷地州における製造物による事故の発生にすぎない。そして，大企業であれ中小企業であれ，また遠隔地の法廷地であったとしても，そして州に到達した製品の数量が少なかったとしても，国内の販売業者を通じて，その製品を売却する製造業者に対して製造物責任訴訟における対人管轄権を全ての州において認めることはその解釈をあまりに幅広くしている。

　同判事はニュージャージー州における J. McIntyre 社の製品が1台のみ稼働中であり，単一的な存在であるこの機械の欠陥による事故の発生も孤立的なもので，同様の事故は発生していない。同社は全米的な活動から見ても，産業見本市に出席した程度であり，広告等の活動もしていない。このような脆弱な活動から同州に対人管轄権は見いだせないとした。それゆえに，多数意見には同意できないが，結論としてはニュージャージー州最高裁判決の破棄に同意する。

Ginsburg, Sotomayor, Kagan 各判事の反対意見

　外国の製造業者はアメリカ合衆国においてその市場を発展させ，その販売を通じて多くの収益を得ているが，その州及び地域におけるその製品から生じた傷害，死亡に対する製造物責任訴訟を避けることに躍起になっている。そのような方向性に明確に反対すべきであるが，最高裁の6人の判事の見解が別れて，この方向性が多数意見としての法廷意見にならなかったことは本判決におけるせめても

193

Ⅷ　対人管轄権訴訟の新動向

の救いであるとした。

　製造業者である J. McIntyre U. K とアメリカにおける排他的販売業者である J. McIntyre U. S. A は，分離した独立した2つの会社であるが，両社とも同業界の産業見本市において製品をアメリカ国内で定期的展示しており，J. McIntyre U. S. A のもとめに応じて，J. McIntyre U. K はアメリカにおいて製造物責任責任保険に加入している。

　また，このように J. McIntyre U. K の製品を売るための水先案内人として J. McIntyre U. S. A はその活動に従事していたことからも，J. McIntyre U. K はアメリカを全体としての市場としてとらえていたこともは事実であり，ニュージャージー州は被上告人 Nicastro らの主張を裁定するための最適な法廷地であることは明らかである。

　J. McIntyre U. K は欠陥のある剪断機を設計し，製造し，結果として被上告人の仕事場において傷害を負わせた。これは同社が意図的に整備した販売制度の下において生じているものであり，偶然的にも無作為的にでもなく被上告人 Nicastro の仕事場であるニュージャージー州に到達したものである。裁判権の分配のような微妙な見解の下において，被上告人である Nicastro が合衆国内において損傷を負った場所はたまたまニュージャージー州である。そして合衆国内全州を標的とした外国の製造業者として，製造物責任訴訟の訴えを制限するとは思えない。

　次に，J. McIntyre U. K 社に対する対人管轄権は一般的管轄権でなく，法廷地と争点との関係から生ずる特定的管轄権であるとして，合衆国の州間における裁判権の公平かつ合理的な分配に関する争点はこの事例においては議論されない。

　欠陥のある製品によりニュージャージー州において生じた人的傷害について外国の製造業者に対する同州における対人管轄権の行

終章　最新の連邦最高裁判決動向からみえる今後の潮流

使は州間における主権の縮小とか領域の問題は何も存在していない。単に，事故発生地が製造物責任訴訟の最も適切な法廷地と考えるのが自然であり，州裁判所の裁判権の憲法上の制限は州の主権でなく，適正手続条項に基づくものである。

被告と法廷地と訴訟との3者間の関係は法的擬制とか，黙示の同意とか，法人の存在とかのパワー理論でなく，適正手続条項によってのみ決定されるべきであると述べ，Kennedy 判事らの被告と法廷地との関係に何らのパワーの存在を求める意見には同意できないとしている。McIntyre U. K は McIntyre U. S. A を通じてその商品を売るため積極的市場開拓をおこなっており，この意図的な市場開拓の努力の結果として，この製品がニュージャージー州に到達して，事故が生じたのである。

すなわち，McIntyre U. K は製造業者として，また販売業者として，この国のいかなる場所においてこの製品の売却のために，その製品の欠陥等により生じた人的損傷に対してアメリカ国内においてあらかじめ製造物責任保険に入っている。

会社への裁判管轄権を認定するための現代的なアクセスは公平と道理であり，公平と道理を天秤にかけることによって合衆国内のあらゆる地域において剪断機の市場を発展させ，その結果として発生した訴訟をニュージャージー州において防御することを McIntyre U. K に要求することは，不当なことなのか。McIntyre U. K がニュージャージー州において防御することの負担は国際的商取引上の適度な費用であり，公平と考えられる。

これに比較して，原告である Nicastro にとって，ニュージャージー州においての仕事場において McIntyre の製品を使用中に被った傷害のための補償を得るために英国の Nottingham に行くことの負担は McIntyre U. K の負担に比べて公正さがあるとは言い難い。多数意見は事故発生地州において対人管轄権を認めなかった Asahi

195

判決，World wide Volkswagen 判決を取り上げているが，本件事件ともいずれも事実関係が異なるものである。

多数意見の判決は世界のいたるところにおける類似の状況におかれた申立人と比較して，アメリカ合衆国の原告を不利な立場に置くことになる。

英国が加盟する EU においては，判決の執行と承認と裁判管轄権に関する EU 規則において，損害が発生した場所に特別管轄権を認める規定をおいている[8]。

すなわち，EU 諸国においては事故発生地に対人管轄権を付与することと解釈されている。これらの理由に基づき，McIntyre U. K は事故発生地であるニュージャージー州において対人管轄権に服するべきである。

我々は International Shoe 判決の基礎となっている公平な役割と実質的な正義の概念から大きくかけ離れてしまった多数意見には同意できない。しかし，相対的多数の意見が最高裁を代表している法定意見とならなかったことは僥倖である。

事件への考察

本質的には，原告である Nicastro は J. McIntyre U. S. A も共同被告として訴えていたが，何らかの理由により同社が倒産して，被告から外れたため，J. McIntyre U. K のみを訴えることとなり，対人管轄権を争うことになったのである。

おそらく，Nicastro 自身は製造物責任保険により金銭的補償は行なわれていると考えられる。一方において製造企業へのさらなる懲罰的損害賠償の請求を望んだのではないかと思われる。

J. McIntyre U. K が連邦レベルでは何らかの関連性をもっている

---

[8] The European or Brussels Convention on Jurisdiction and the Enforcement of Judgments in Civil and Commercial. Matters.

とする多数意見の考え方は，実際上，アメリカ合衆国という連邦制度をとる国家にとって，州においての対人裁判管轄権を認める要因を見いだせるのは，事故発生地であるニュージャージー州以外は考えられない，すなわち製造会社が事故発生地州に何らかの実質的な存在としてのパワーの行使に基づくコンタクトが必要だとする見解は対人裁判管轄権を狭義に解し過ぎているように考えられる。

(b)　**Goodyear Dunlop Tires Operation, S. A. v. Brown**[9]

2011 年，J. Mcintyre 判決と同日に連邦最高裁が判決を下した Goodyear 事件は同様に製造物責任訴訟に関する対人管轄権を認定する事例であった。

この事例において法廷意見を述べたのは J. Mcintyre 判決の少数意見を書いた Ginsburg 判事であり，他の 8 名の判事も同意した。

事実の概要は以下のとおりである。

2004 年，フランス，パリの郊外において，Brown と Helmes の息子である少年の 2 人が同乗していたバスの欠陥タイヤが原因による事故のため死亡した。

これらのタイヤは，Goodyear U. S. A の子会社である Goodyear トルコにおいて製造されたものである。死亡した少年の両親である Brown と Helmes はフランスとルクセンブルグにある Goodyear の子会社とトルコの製造会社および，Goodyear U. S. A をノースカロライナ州の裁判所に訴えを提起した，外国企業の 3 社は対人管轄権を争ったが，同州において工場を持ち，タイヤの販売もしている 3 社の親会社でもあるオハイオ州法人である Goodyear U. S. A は対人管轄権を争わなかった。

一方，トルコの Goodyear の子会社は製造したタイヤを主に欧州，

---

(9)　131 S. Ct. 2846 (2011).

Ⅷ 対人管轄権訴訟の新動向

アジア向けに販売することを目的としていた。

2001 年から 2007 年にかけてノースカロライナ州において同様な
タイヤが特殊車両向けに販売されたが，Goodyear トルコが製造し
たバス事故において使用された同一種類のタイヤは同州においては
まったく販売されていなかった。

同州第一審事実審裁判所は被告の対人管轄権不存在に基づく却下
の申立を却下した。

被告は控訴し，同州控訴裁判所は被告らの企業が同州において何
らの活動もそれに関係する事件も起こしていないことからも，同州
において特定的管轄権を認定するのでなく，一般的管轄権を認定す
ることに着目した。

一般的管轄権とは被告企業が同州において継続的，組織的な活動
をしなければならないという高い限界を要求している。しかし同裁
判所は，同州において販売しうるタイヤはいかなる範囲の制限なし
に通商の流の中に置かれたことにより，その限界に達しているとし
て，一般的管轄権の存在を認めて被告らの控訴を却下した[10]。

___

[10] 一般的対人管轄権の事例として，管轄権を認めたものとしては Perkins v.
Benguet Consolidated Mining Co., 342 U. S. 437 (1952). 判決内容は後述する。
もう一件 Helicopters Nacionales de Colombia, S. A. v. Hall. 466 U. S. 408
(1984) である。

南米地域においてヘリコプターによる輸送業務をおこなっているコロンビ
アの会社のヘリコプターがペルーにおいて衝突して米国市民 4 人が死亡した。
彼らの遺族が同社をテキサス州において訴えた。同社は被告がヘリコプター
および部品を購入し，長期間にわたり，技術的，経営的指導を受けるための
人材を派遣しており，また死亡した乗員達も同社とペルーにおいてパイプラ
インを建設するための合弁会社に雇われていた。

このようなコンタクトから，テキサス州最高裁はコロンビアの会社に対す
る対人管轄権を認めた。これに対して被告は連邦最高裁に裁量的上告をおこ
ない，これが認められた。

同最高裁は訴訟原因の発生と，被告との間に十分なコンタクトが存在して
いないとして，単に，テキサス州において，銀行取引，合弁会社と被告との
関係等々はペルーにおける事故の発生とは何らの因果関係がないとして，テ

終章　最新の連邦最高裁判決動向からみえる今後の潮流

　被告企業は同州最高裁判所に裁量抗告したが，認められなかっ
たため，連邦最高裁に修正 14 条違反の基に裁量的上告を申し立て，
これが認められた。

　また，被上告人（原告）側は親会社である Goodyear U. S. A が
ノースカロライナ州の対人管轄権に服していることから，上告人で
あるトルコ，欧州における Goodyear の子会社も親会社の同州との
接点を統合することにより，上告人も同州の一般的対人管轄権に服
すべきであると主張していた。しかし法人格否認論[11]を用いて上告
人である Goodyear 社に対して，親会社への対人管轄権を子会社に
引っ張り込むことができるという被上告人の主張は認められないと
した。

　そもそも，フランスで起きた事故についてノースカロライナ州に
おいての製造物責任訴訟に基づく対人管轄権を外国の製造会社に認
めることには過去の判例上においても認めがたい。

　それにも関わらず，同州裁判所は Stream of Commerce（通商の
流れ）の理論を拡大解釈し，親会社である Goodyear U. S. A の対人
管轄権を認めた。このことにより，事故を起こしたバスのタイヤと
類似したタイヤが流通したことを理由として，一般的管轄権を認め
ている。これは，本来流通の流れ理論に基づく特定的対人管轄権と

キサス州最高裁判決を棄却した。このように通常，一般的対人管轄権は認め
られにくい。
　今まで述べてきたように事故発生地における訴訟が Forum non convenience
の観点からも適切な法廷地となりうる。この訴訟もペルーでの訴訟よりもア
メリカ，テキサス州における訴訟の方が損害賠償を多く請求できる判断した
と考えられる，一種の Forum shopping である。
[11]　Piercing the Corporate veil.
　製造物責任において親会社の責任を子会社に垂直的に認定し，親会社が対
人管轄権を認めていることから子会社もこれを承継しているという法理論。
アーサー・R・ピント／ダグラス・M・ブランソン著，米田保晴訳『アメリ
カ会社法』Lexis Nexis（2004 年）。

199

して認めるものであり，これを認める重要な要件は法廷地州における事故発生であることからも当然，認められないとして，ノースカロライナ州の上告人に対する対人管轄権を否定した。

一方においては，同日に下された J. McIntyre 事件について，流通の流れに基づく特定的管轄権の認定について最高裁判事の意見は二分された。

Kennedy 判事らは，対人管轄権を法廷地州に導き出す，流通の流れは，その製品が市場を通じて，販売されているという事実関係から，その州においての特権等を意図的に利用することにより何らかの利益を生み出すことが必要であるとして，流通の流れの理論を認めることを制限的に解釈した。

すなわち，本来の訴訟の対象となる J. McIntyre U. S. A が破産等により存在していないことが重要な問題点である。そのため，親会社である J. McIntyre U. K を訴えたことが，対人管轄権と流通の流の理論との結びつきを難しいものとした。

子会社である J. McIntyre U. S. A が存在していれば，おそらく対人管轄権の解釈は異なった可能性があり，この点 Goodyear 事件と McIntyre 事件は親会社，子会社との関係，流通の流れの争点，特定的，一般的管轄権の相違について類似した争点があったことにより，同日に判決が下されたと思われる。

Kennedy 判事らの多数意見は法廷意見ではないので，今後，この種の訴訟において事実関係が変化することにより，製造物責任訴訟の判決が相違することも考えられるので，必ずしもこの多数意見が今後の判例に対する解釈の中心とはならない。

また連邦最高裁判事の交替という最も重要な可変要因がある

3 2014年および2015年判決について

(a) Walden v. Flore[12]

上告人（被告）である Walden はジョージア州の空港においての連邦麻薬捜査局（DEA）の捜査官である。同空港において被上告人（原告）から多額の現金を没収した。

上告人は資金の没収について不正であるが相当な理由に基づく口述宣誓証書を起案し、ジョージア州の連邦検事局にその書類を提出した。しかし、この没収手続の訴訟は起こされなかった。その後、被上告人に資金は返還された。被上告人は居住地であるネバダ州に戻った。その後、資金の返還の遅延によって、損害を被ったことを理由として、同州の連邦地方裁判所に意図的な不法行為に基づく損害賠償請求訴訟を起こした。

同地裁はネバダ州において、ジョージア州の捜査官のおこなった没収と捜査による不法行為によりネバダ州において損害が発生したという因果関係は認められないとして、被告である捜査官に対して対人管轄権は行使できないと決定した。

原告は第9巡回区連邦控訴裁判所に控訴した。同裁判所は被控訴人である捜査官は控訴人（原告）がネバダ州と重要な関係をもつことを認識して、不正であるが相当な理由に基づく口述宣誓証書を作成したとして、原告と被告との間に因果関係が成立するとして、被控訴人に対して対人管轄権を行使すべきであるとして、地裁判決を破棄した。これに対して、被控訴人は連邦最高裁に裁量的上告し、認められた。

---

[12] 134 S. Ct. 1115 (2014).

Thomas 判事による全員一致の法廷意見

ジョージア州において没収による行為の結果としてネバダ州の原告に損害が生じたことであるが，上告人の行為はネバダ州の被上告人に対して仕向けられた意図的な行為ではない。また，上告人に対するネバダ州の「特定的」対人管轄権は存在しないとして，以下の理由により第9巡回区控裁判決は破棄した。

上告人はネバダ州内においていかなる行為をおこなっていないし，法廷地である同州において対人管轄権上のいかなるコンタクトも見いだせない。

第9巡回区連邦控裁は上告人が法廷地州において何らかの行為をおこなっているかどうかを十分に審議せず，法廷地と上告人との間のコンタクトに焦点をあてるのでなく，法廷地と被上告人との間のコンタクトを分析することに焦点をあて，このような不当な転換によって反対の結論を導いた。

被上告人は資金のネバダ州への返還の遅延によって損害が生じたと強調しているが，Calder 判決[13]によれば居住している法廷地においての単なる損害の発生は，法廷地と不法行為地を結びつけるための十分なものでないことを明確にしている。すなわち，被告人である上告人の行為を法廷地と結びつけるためには，その行為が法廷地州内において決定的な意味をもつ行為であることが重要であり，被上告人（原告）が申し立てた損害と法廷地との結びつきを証明しなければならない。損害が発生したというネバダ州は単に被上告人が没収された資金をラスベガスにおいて使用するために選択した居住地である。

この資金は元来，ネバダ州においてギャンブルによって得た資金をジョージア州の空港において没収したものであり，この点に控訴

---

(13)　Calder v. Jones 465 U. S. 783 (1984).
　　この事件については前述したとおりである。

終章　最新の連邦最高裁判決動向からみえる今後の潮流

審は因果関係を認めているが，その資金の没収とその返還の遅延により損害が発生したという事実との間の因果関係は認められないとした。

(b)　Daimler AG v. Bauman[14]

原告はアルゼンチンの居住者であり，1970年代から80年代にかけて，当時の軍事政権の下で人権侵害をうけた。当時，原告らはドイツの自動車会社であるDaimler AGのアルゼンチンの子会社に雇用されていたが，当時の軍事政権の下で，子会社が原告らに対して人権侵害をおこなうことに協力し，現実に人権侵害行為による不法行為がおこなわれたのである。

原告らは，カリフォルニア州において，連邦法[15]に基づき人権侵害に対する損害賠償請求訴訟を提起し，代理の法理に基づきDaimler AGがカリフォルニア州の対人管轄権に服すると主張した。

ドイツのDaimler AGの完全子会社であるMercedes-Benz U. S. Aが，カリフォルニア州において支店業務を行っていることにより，同州の一般的管轄権に服するためのミニマム・コンタクトを持っている，これにより，アルゼンチンの子会社が同国内でおかした人権侵害に対して，ドイツの親会社はカリフォルニア州において対人管轄権に服すべきと主張した。

しかし，同州連邦地裁はドイツの親会社に対して対人管轄権は認められないとして訴えを却下し，原告側は第9巡回区連邦控訴裁に控訴し，同裁判所は原審を破棄した。

破棄した理由として，親会社の行為が子会社の行為を代理してい

---

(14)　134 S. Ct. 746（2014）.

(15)　Alien Victims Protection Statute（外国人不法行為法），Torture Victim Protection Act（拷問被害者保護法）の違反に基づき訴えを提起した。樋口範雄『アメリカ渉外裁判法』（弘文堂，2015年）265頁。

203

るかについての代理の法理の適用の可否についての，判断に焦点が
あてられた。

　子会社の活動が存在しなければ，親会社自身が類似した活動をお
こなう必要性に応じて，子会社はその活動をおこなうために設立さ
れ，そのような活動に関わり合いもっている。また，親会社は子会
社の内部事務と日常業務を現実に支配する権利を持っていることか
らもカリフォルニア州の Daimler AG の子会社はこの要件を満たし
ているとして，連邦地裁の決定を破棄した。

　ドイツの Daimler AG は連邦最高裁に裁量的上告をおこない，こ
れが認められた。

　Ginsburg 判事による全員一致の意見により，第 9 巡回区連邦控
訴裁の決定を破棄した。

　子会社の所在州とのミニマム・コンタクトが外国の親会社の活動
を帰属させる要因となるための代理の法理の適用を否定して，親会
社が独立の請負人，子会社，または代理店を通じておこなう行為は，
独立した請負人，子会社，代理店が存在しない場合，親会社が他の
方法によっておこなっているだろうとみなされる。しかし，子会社
の業務が Daimler AG にとって必ずしも重要であるという事実とみ
なされるとは限らないとした。

　一般的対人管轄権が存在するためには，会社の実質的，継続的か
つ系統的な過程において事業をおこなうことであり，カリフォルニ
ア州においてこのような活動がおこなわれているとする被上告人の
申立ては受け入れがたい主張であるとしたうえで，継続的かつ系統
的な代理店としての活動に基づく要因は，特定的管轄権の基準であ
ると判断した。そして一般的管轄権が存在するためには外国会社の
子会社の所在州との関係において，法廷地州が本質的な本拠地であ
ることが必要であるとして，カリフォルニア州が Daimler AG との
間の僅かなコンタクトを基に本拠地とはなりえないとした。

予見可能性と国際礼譲に関係する問題において，外国会社の子会社が把握できる売上高を全ての州において持っていても，一般的管轄権に服することはないと結論づけた。

すなわち，子会社の所在州においてまったく関係のない第三国の子会社で生じた不法行為についてその所在州の子会社に対して第三国の原告がその子会社の存在を基に一般的対人管轄権を認めることはできないとした。

Sotomayor 判事の補足的同意意見

同判事は他の8名の判事の多数意見に基本的には同意した。

しかし，憲法上においての新しい規範を創出することによって，一般的管轄権の存在について異議を申し立てるような多数意見には同意しなかった。

たとえ，この訴訟の事実関係が独特な背景のもとに極めて不当な理由に基づき一般的管轄権を認めなかったとしても，カリフォルニア州とドイツの Daimler AG との間においてコンタクトが存在するかどうかについて十分に審議せずに一般的管轄権が存在しないことを決定してしまったことには全く同意できないとした。

すなわち，同判事は Daimler AG のアメリカ現地法人の子会社である Mercedes-Benz U. S. A が，多くの Benz 車をカリフォルニア州において販売し，かつ，多くの収益を得ている事実についても注目して，被告（上告人）とカリフォルニア州との間の一般的管轄権の存在の有無についても真摯に審理しなければならないと主張した。

(c)　OBB Personenverkehr AG v. Sachs[16]

カリフォルニア州在中の Sach は旅行代理店からユーレイルパス

---

(16)　577 U. S. 2015.

（EU 諸国鉄道無料パス券）を購入した。このパスを利用してオーストリアのインスブルックからプラハまで OBB 社の運行している列車に乗り込むため，プラットホームから転落したしたことによる精神的外傷を負った。

これにより，帰国後 Sach は，この精神的外傷を被った責任は OBB 社にあるとして，カリフォルニア州北部地区連邦地裁に不法行為に基づく損害賠償請求を，オーストリア連邦共和国運輸省の管轄下の OBB 社に起こした。結果として，この訴訟は外国国家を訴えることになった。

同地裁は連邦外国国家主権免責法[17]の下，原告の訴えを却下した。

しかし，第 9 巡回区連邦控訴裁判所は，外国国家主権免除法の商業活動に関する例外規定を適用して Sach の主張を一部認容した。

すなわち，カリフォルニア州において欧州各政府の下にある鉄道網を利用できるパスカードであるユーレイルパスを発行するというこの行為はまさに例外規定にあたる商業行為であると認めた。

これに対し，OBB 社は連邦最高裁に裁量的上告をおこなった。同最高裁は Robert 主席判事の下，全員一致の意見により，次のような判断を示した。

被上告人（原告）である Sach はオーストリアにおいて発生した不法行為によって精神的損傷を受け，その原因がオーストリアの国営鉄道会社である，OBB 社の行為によるものであると主張している。OBB 社は欧州共同体の下に全欧州の鉄道網を利用できるユーレイルパスに加盟している。Sach はこのユーレイルパスをアメリカ合衆国内において購入した。被上告人は，このユーレイルパスの発行そのものが外国国家主権免責法の例外規定としての商業活動であると主張している。しかし，単なるユーレイルパスの外国におい

---

[17] Foreign Sovereign Immunities Act, 28 U. S. C. §§ 1602-1611. 1976 年制定の連邦法。外国の行為に対する主権行為における免責事由を規定している。

ての発行は商業活動ではなく，外国国家の商業活動の認定は極めて制限されているものであるとした。また，このパスの売買に関しては何らの瑕疵もないし，そして不法行為はその行為が発生した場所がコンタクトの要因になるとした。

　結論として，OBB 社の売買行為はオーストリア政府の行為であるとして，外国国家主権免責法によりアメリカ合衆国は裁判を行うための事物管轄権がないとして，OBB 社の上告を認め，第9巡回区控訴裁判所の判決を破棄した。この判決は Daimler 判決の主旨を十分に反映したものであり，他国において発生した不法行為についてアメリカ合衆国における裁判管轄権を，たとえ自国民からの訴訟であっても否定した。これは Goodyear 判決の主旨にも沿っている。この判決は，たとえ外国国家主権免責法の適用がなくとも，一般的対人管轄権は存在していないとして，原告の訴えも却下される可能性は十分にある。

4　2017 年判決について

　2017 年，連邦最高裁は対人管轄権についての2件の判決を下した。

　1件は一般的管轄権というパラダイムの存在を事実上消滅させるに等しい判断を下している。もう1件は特定的管轄権も認定についても極めて厳格な制限の下に認めないという判断を示している。

　両判決とも 2017 年の4月に審理され，1件は5月もう1件は7月に判決が下されていることから，両判決とも同時に同様な事件として審理されたと思われるが，判決の日は2件目が2ヶ月遅れである。

　2件目の薬害訴訟に関する対人管轄権訴訟は 33 州の州民を含む集団訴訟であり，結果として多州籍の原告がいる集団訴訟を実質的に認めないという画期的な判断を示すためにも，審理に時間がかかったと思われる。

Ⅷ　対人管轄権訴訟の新動向

(a)　一般的 (General) と特定的 (Specific) という区分について

一般的，特定的に分けるという対人的管轄権の区分は，本論文の中で何度も述べてきているが，ここであらためて詳しく説明したい。しかし，実質的に，一般的か特定的かに区分することは極めて曖昧である。

一般的管轄権

一般的とは，まさに General であり，広範囲に対人管轄権を認めることである。

すなわち，州内に継続的，実質的に会社等の活動が行われているという，これまた極めて曖昧で抽象的な概念である。すなわち一般的管轄権を広範囲に認めることは実質的に競合的対人管轄権の存在を認めないと同様である。

1件の例外を除いて，連邦最高裁は一般的管轄権を前提としたミニマム・コンタクトの存在を認めていない[18]。とりわけ対人管轄権を一般的と特定的に区分する意味はなくなってきているのではないだろうか。2014 年の Daimler 判決[19]において，対象となる法人

---

[18]　一般的管轄権を認めたものとしては Perkins v. Benguet Consolidated Mining Co., 342 U. S. 437 (1952).

　　原告である Perkins は被告会社が配当金等の支払をしなかったことに基づく支払請求をオハイオ州裁判所に訴えた。同社はフィリピン諸島において金，銀鉱山の開発を行っていたが，日本による占領のため，オハイオ州において通常の会社業務を一切おこなっており，会社の資金に関する銀行口座を持っていた。しかし，実質的な会社の活動と本社の所在地はフィリピンであった。

　　オハイオ州最高裁は同社に対する対人管轄権は認められないとして原告の訴を退けた。

　　原告は連邦最高裁に裁量的上告をなし，これが認められ，最終的に訴訟原因がフィリピンにおける本社において発生したとしても，フィリピンは当時，日本の占領下にあったことから，同州において組織的，継続的に営業していたことはミニマム・コンタクトを認めるに十分であるとして，同州最高裁判決は破棄された。この判決は一般的管轄権を認めたものとしては，極めて例外的な事実であることは明らかである。

がその州を本拠地として実質的な活動をしていることが要件とされ，外国法人の子会社の存在，および，ある一定程度の収益を得ていたとしても，代理の法理[20]，法人格否認[21]の法理等の適用を認めず，一般的管轄権の行使の可能性がないとするパラダイムシフトを認めたことである。

特定的管轄権

特定的管轄権は対人管轄権の存否を決める重要な争点となっている。ほとんど全ての連邦最高裁判決は特定的管轄権の存否を争点としている。

対人管轄権訴訟の競合は特定的管轄権の競合であるとしても異存はない。

すなわち，訴訟における被告が当該州においてその訴訟と関係する最小限度の関係（ミニマムコンタクト）を持つことである。つまり，被告が当該州において訴えられた事実に関して何らかの関係を持ち，

---

[19] Daimler Ag. v. Barabra Baumanet. al 571 U. S 2014.

[20] ダイムラー判決において連邦最高裁は代理の法理に基づく対人管轄権の認定を否定した。第9区連邦控訴裁判所は代理の法理において親会社が子会社の活動を実質的に支配し，利益を享受しているかどうかに重点を置いている。

すなわち，親会社であるダイムラー社が子会社である MBUSA（メルセデス. ベンツ. アメリカ）が日常業務として行う一般販売会社として業務を独立の請負人として現実に支配し，親会社のために重要な活動を行うために設立され，結果として，カリフォルニア州において，ダイムラー社が代理人として業務を行っていたとして，一般的管轄権を認めた。

しかし，同最高裁は MBUSA がカリフォルニア州において，ダイムラー社の代理行為を示す十分な重要性をもつ類似行為はないとして，同州における親会社の代理を認めず，一般的管轄権を否定した。また，代理権の存在を認める場合は特定的管轄権の要因としている。

要するに，被告の行為がより積極的かつ長期的にわたり，活動が行われていることが必要であり，かつ，原告が居住者であることが必要であるかもしれない。

[21] Piercing the Corporate veil. 註[11]参照。

209

Ⅷ　対人管轄権訴訟の新動向

その行為を発生させたということである。

しかし，これは単なる関係ではない，当該州において意図的な利用をし，かつ Fair Play and Substantial Justice に違反していないことが求められる。このような要件は当該州において被告が継続的，実質的な活動をしているという一般的管轄権の要件のみならず，積極的かつ因果関係が成立するような活動を求められることでもある。

不法行為上の理論である Proximate Cause（直接原因），もしくは But-for test の法則[22]を用いて，不法行為発生地において，対人管轄権の存在をどのように結びつけるかが重要になってくる。

すなわち，不法行為者が当該州において積極的に意図的活動をしている因果関係が必要となることから，Proximate Cause の理論[23]を適用することが求められる。

しかし，その因果関係の成立に関する挙証責任は実体法上に比較して厳格ではない。

(b)　**Bristol-Myers Squibb Co. v. Superior Court of California**[24]

原告達（ほとんどの原告がカリフォルニア州民ではない）は，Bristol-Myers 社（以下 BMS）を，同社が開発し，創薬した処方薬 Plavix（抗血小板剤）[25]により健康を害したとして，デラウェア州法人でニューヨーク州を主たる本社機能としている BMS 社をカリフォル

---

(22)　樋口範雄『アメリカ渉外裁判法』（弘文堂，2015 年）34-35 頁。
　　　関連性を広く認める法理，その行為がなかったならばその争訟が発生していないという説。
　　　アメリカにおける抵触法，対人管轄権について体系的に述べられている著作。
(23)　近因関係，主原因，ほとんどの不法行為について用いられる法理論。
　　　場所的，時間的に近い原因ではなく，結果が発生することに法的にみて相当な因果関係があること。
(24)　582. U. S.（2017）.
(25)　世界的な売上高をもっている抗血小板薬。2012 年に特許権は切れている。
　　　開発元はフランスの Sanofi 社，日本において薬害の報告はない。

210

ニア州第一審裁判所（Superior Court）に製造物責任法に基づく損害賠償請求訴訟を起こした。

BMS社は同州において，この薬の販売及び販売活動も行っており，また研究所が所在し，多くの研究員，従業員を雇用していた。

しかしPlavixに関しては，創薬，薬品の承認，製造，ラベリング，箱詰め等の業務は行っていない。また市場戦略等の販売計画等も行っていないと主張した。

BMS社は非居住者の原告が同州において，Plavixの薬害によって治療を受けたこと，また，製品を購入したことがない事実を申立てた。

以上の理由にBMS社はカリフォルニア州において対人管轄権が存在していないとして，非居住者による同社に対する召喚状の送達の無効を申し立てた。

最終的にカリフォルニア州最高裁判所は同社が，同州において主たる活動をしていないとして一般的管轄権の存在を否定したが，特定的管轄権は同社がほかの様々な活動を行っていること，また同社の子会社による薬の販売という事実からも，同社の行為が派生的に同州において生じている事実により認めた。

これに対して，BMS社は連邦最高裁判所に裁量的上告を行い認められた。

Alito判事による多数意見（Roberts主席判事，Kennedy，Thomas，Ginsburg，Breyer，Kagan，Gorsuch各判事も同意した）

結論として連邦最高裁判所は，カリフォルニア州裁判所は非居住者の請求を修正14条の下にその適合性を審査する必要があったとした。

対人管轄権には2種類の形態があり，一般的と特定的に区分される。

Ⅷ　対人管轄権訴訟の新動向

　一般的管轄権とは Goodyear 判決[26]，Daimler 判決に見られるように法廷地が会社の本拠地であるか，実質的な活動をしていることを求められる。

　それゆえに，本事例において，明らかに一般的管轄権は存在していない。

　特定的管轄権は法廷地における被告の行為がどのように関係づけられているか，また発生しているかについての争点を対象としていることからも，その認定は曖昧である。

　対人管轄権を決定するための重要な認定は，被告への負担である。

　すなわち，被告が法廷地においてその権利を主張する法的利益がほとんどない当該州の下において，強制的に従属するかどうかの問題点も含まれることもある。

　このような場合において，適正手続条項は州際連邦主義を手段として用いることにより，当該州が有効な判決を与えるかどうかの権限を奪うことが可能になる。

　特定的管轄権を行使するために，裁判所は訴訟と法廷地との間に連結が存在しなければならない。それは法廷地における事実の発生と主たる活動が必要である。

　本件においてそのような接触は見いだせない。しかも，カリフォルニア州裁判所は非居住者の主張と州との間の適切な結びつきを証明せずに特定的管轄権として認めている。

　次に，居住者の原告達がカリフォルニア州において Plavix を処方されたり，購入したり，摂取したりしたことを，非居住者原告達の権利請求を同一視して特定的管轄権を州に結びつけることはできない。

　BMS 社がカリフォルニア州において Plavix 以外の研究をおこ

---

[26]　571. U. S. (2011).

なっていたこともまた特定的管轄権を結びつける関連性はない。

　州内における損害そして州の居住者への損害においての訴訟を起こすための対人的管轄権は認められるが，州内において損害が発生せず，そして州内に居住を持たない場合には認められない。

　本件において，カリフォルニア州居住者以外の原告は非居住者であり，同州において実際の薬害は生じていないことにより，被告であるBMS社が同州において対人的管轄権に服することは法の適正手続に反することである。

　このような事実関係から，BMS社のカリフォルニア州におけるPlavixの販売子会社であるMcKesson社をどのように取扱うかである。

　同社が同州において契約を締結したという事実により，BMS社はMckeeson社に対して派生的な責任が生じるかもしれない。しかしこの事実は，法廷地と非居住者との権利主張の間の関係性が稀薄であり，対人管轄権を確立するには十分でない。

　結論として，カリフォルニア州民の原告には一般的管轄権をBMS社に対して認められる。しかしそれ以外，非居住者の原告に対して同州の特定的管轄権をBMS社に行使することは法の適正手続に反するとして認められないとした。

　これらの非居住者の原告に対しては，それぞれの居住している州において個別に訴訟を起こすことは可能であると思われる。その居住者（Home state）において薬害が生じていることからも，BMS社に対して州籍相違に基づき連邦裁判所に訴えることも可能であると示した。薬害訴訟は全米規模で生じていることからも，集団訴訟としての訴訟形態をとっていることから，もし，各々の居住者において訴える場合は，個別訴訟になる可能性も高く，訴訟費用も高くなると考えられる[27]。

　全米33州にまたがる原告達がカリフォルニア州において集団訴

訟を起こしたのは，同州が原告達にとって有利な不法行為法を制定しているからではないかと推測される。

本判決のもつ最大の意義は，集団訴訟において，法廷地において不法行為が発生していない他州の原告を非居住者として，被告企業が法廷地において実質的な活動をしているにもかかわらず特定的管轄権を認めなかったことにある。

この判決に従えば事実上，不法行為訴訟において異なる州籍を持つ市民の集団訴訟は不可能になった。

Sotomayor 判事の反対意見

同判事は長文の反対意見を述べている。

Daimler 判決において一般的管轄権の行使に対して抑制する傾向を明確に示した。

本事件において，多数意見は全米において薬品を製造，販売している BMS 社の不法行為責任について，法廷地において薬害を受けた原告以外に対しては，特定的管轄権を認めないとする同様な傾向を示した

多数意見は州境を超え全米的に発生した被害者達の訴訟を集合させる集団訴訟を事実上困難にしてしまっている。

上告人である BMS 社は多くの薬品等を販売している全米的な大企業であり，同社が製造，販売している Plavix は全米において薬害を発生させた。結果として，製造物責任訴訟等が起こされた。

同社はカリフォルニア州において多額の売上高をもち，子会社を通じて販売する等の意図的な活動を十分に行っている。

居住者の訴訟に対して一般的管轄権を認め，一方において非居住者に対してはカリフォルニア州の特定的管轄権も認めないというこ

⑵ 判決によると，修正第5条の適正手続きを示唆している。

とである。

すなわち，カリフォルニア州において，薬害が生じていない被上告人である非居住者によるBMS社への特定的管轄権を認めることは，Fair Play and Substantial Justice に反しているとする多数意見には同意できないとした。

(c) BNSF Railway Co. v. Tyrrell Special administrator for the estate of Tyrrell, deceased, et al.[28]

連邦雇用者責任法（The Federal Employer's Liability Act（FELA））[29]の下で，業務中の従業員が金銭的損害賠償責任訴訟を，鉄道会社に対して起こした。

被上告人（原告）であるRobert Nelsonはノースダコタの住民である。もう一人の被上告人はKeli Tyrrellであり，彼女の夫のBrent Tyrrellの遺言執行人である。

Brentは上告人であるBNSF社に業務中において発癌性化学物質に晒され，致命的な癌を発症して死去した。

被上告人（原告）はモンタナ州第一審裁判所に訴訟を提起した。同州は被上告人らにとって訴訟原因とは何らの関係を持っていない。

また，訴えられたBNSF社にとって同州は会社の設立地ではなく，同州は同社の全業務量の５％以下であり，同社の全米における鉄道路線の５％を占めるに過ぎない。

また，モンタナ州を本拠地ではなく，主要な活動もしていない，Daimler判決の下に，同社に対する一般的管轄権は存在していない

---

(28)　581. U. S.（2017）.

(29)　1906年制定の連邦法。主に全州に鉄道網を所有する州際的鉄道会社の従業員が業務中に起きた傷害，死亡において使用者である鉄道会社がその過失，安全法規の違反に対して，従業員に対する補償義務を負う。また，鉄道会社はコモン・ローの下における抗弁を廃止し，従業員の業務中に起きた事故等に対しての補償責任を広く認めた。

として却下の申立てをした。

nelson に対しては却下の申立ては認められたが，Tyrrell に対しては認められなかったことから，両当事者の訴訟を併合した。モンタナ州最高裁は上告人である被告 BNSF 社に対して，モンタナ州民事規則の解釈の範囲において州内において見いだされた行為と 45. U. S. C 56 を FELA への適用についての解釈における州内での商業行為のゆえに一般的管轄権を行使できると判決を下し，また，適正手続条項は Daimler 判決において示された解釈に制限されるが，FELA における鉄道会社に対する訴訟には適用されないとした。

これに対して BNSF 社はモンタナ州最高裁判決を不服として，連邦最高裁に裁量的上告を行った。

Ginsburg 判事による多数意見（Roberts 主席判事，Kennedy，
Kagan, Thomas, Breyer, Alito, Gorsuch 各判事も同意）

56 項は，鉄道会社への対人管轄権を対処するものではなく，訴訟が連邦地方裁判所にもたらせられるものと規定している。

また，訴訟の開始時に被告ビジネス活動をしている地区の連邦地裁であり，対人管轄権を意味するのではなく，法廷地の規定するものとして解釈されている。すなわち法廷地が正当であるところの連邦地方裁判所を意味しているのである。

被上告人（原告）は 1888 年 Judiciary act の規定によれば，56 項は対人管轄権と法廷地の両者を含むことを促したものであると主張した。

しかし Judiciary act をそのように解釈することはできず，法廷地のみの解釈とすることが正当である。56 項は各州の連邦裁判所と州裁判所において競合的に管轄権が生じることはあるが，FELAの下においての訴訟は連邦地方裁判所に限定されており，州裁判所においてこれらの訴訟を受け入れる何らの優先性はない。連邦と州

の裁判所は連邦法上の事物管轄権を持っているが，通常，連邦裁判所が優先される。

対人管轄権に関して，モンタナ州裁判所がモンタナ法の下での一般的管轄権を行使することは，修正14条の法の適正手続きに違反するものである。

両被上告人（原告）ともモンタナ州において業務中に被災したものでなく，両者とも非居住者である。

通常，一般的管轄権は州外の会社が継続的，組織的な活動をしており，かつ法廷地において本質的な活動をしていることが求められた。

しかしDaimler判決以降，被告の会社はその会社の主要な活動をする州，もしくは会社の設立州であることを模範的法廷地と見なすようになった。

BNSF社は州際企業であり，FELAの適用を受けるが，モンタナ州においては主たる活動を行っていないし，本社機能もない。当然のことながら，会社の設立州でもない。

このような事実関係からモンタナ州においてBNSF社に一般的管轄権を認めることは修正14条の法の適正手続条項に違反する。

Sotomayor 判事の反対意見

同判事はJudiciary act 56項の解釈にモンタナ州裁判所に対人管轄権を認めない多数意見には同意している。

しかし，一般的管轄権に関する解釈について，多数意見がDaimler判決の下にBNSF社がモンタナ州において主たる営業活動をせず，また本拠地としていないことを理由に否定したことは不条理な判断であるとして同意できないとした。

International Shoe判決によればワシントン州において10人以上のセールスマンが靴の販売活動を行っていたことは組織的，継続

的な活動だとして一般的管轄権を認めている。BNSF社もモンタナ州において全米的な線路網の5％以上の占有率を保持している以上，量的にも質的にも組織的，継続的な活動をしているとして，一般的対人管轄権を認めるための例外的な事例として認めるべきであるとした。

すなわち同判事はDaimler判決の少数意見よりも積極的に，全米国内においてDoing Businessを組織的，継続的に行っている州際的な大企業は全州において一般的管轄権を認めるべきであると論じた。

(d) 両判決についての意義

2017年，連邦最高裁は対人管轄権訴訟をさらに制限するための判決を下した。

BNSF判決においてFELAの下，連邦法上の鉄道業従業員に対する不法行為について，judiciary act of 56頁において連邦と州の競合的管轄権を実質的に認めない判断を示した。連邦法であるFELAの下，連邦裁判所の事物管轄権として，排他的管轄権であると決定している。

この判断も連邦最高裁の決定として判例法上の意味をもつものであろう。特定的管轄権についても，原告はモンタナ州において非住居者であり，かつ化学物質の被災において癌を発生させたという因果関係は明らかではない。

原告は長期間のBNSF社の勤務期間，全米において雇用されいたと考えられる。その期間中，どこで化学物質に長期的に汚染されたかは定かではないことから，モンタナ州において原告と被告を結びつける不法行為上の因果関係は結びつかないとすると，当然，特定的管轄権も認められない。

原告が当該州において非居住者であることも被告に対する対人管

終章　最新の連邦最高裁判決動向からみえる今後の潮流

轄権の有無の認定についての重要な争点になり，すなわち，原告が当該州民であることは，自州民の保護のために対人管轄権を認めることについて法的利益があるからである。

　しかし，モンタナ州裁判所は非居住者にも関わらず，原告による被告に対する FELA に基づく訴訟の対人管轄権を認めている。

　州裁判所は対人管轄権の拡大については，多くの先例が示す通り，次の BMS 訴訟も同様に好意的である。原告がなぜ，モンタナ州において訴訟を提起したかの理由は明確ではない。また，不法行為の発生地も特定されておらず，長期間の勤務における化学物質の蓄積による結果として死亡したと思われる。

　労災訴訟の一種であるが，FELA は全米において発生する損害賠償に対応するため，従業員が業務中に受けた被災に対して幅広く補償を認めている。

　原告にとっては，BNSF の本社および主たる本拠地においても訴訟を起こすこともできたと思われるが，おそらく，モンタナ州においてより多額の補償を取れる先例等があった可能性があるかもしれない。

　また，同州が連邦法である FELA に基づく訴訟を，judiciary act of 56 頁において州裁判所に対人管轄権を認めるという例外的な先例を下していたのかもしれない。

　出訴期限等，何らかの訴訟法上の制約から，モンタナ州において訴訟を起こしたのでないとすると，やはり，原告にとって何らかの利益があると考えられる。

　原告にとって同州の選択は，Forum Shopping としか考えられず，明らかに，一般的に，特定的な対人管轄権を BNSF 社に認めることはできない。

　この判決も，従来の対人管轄権に関する連邦最高裁判決の枠組の

219

Ⅷ 対人管轄権訴訟の新動向

中にあるとすると，明らかに，モンタナ州において，原告はBNSF社を訴えるためのミニマム・コンタクトが存在していないと考えるのが妥当である。

次のBMS社への薬害に関する製造物責任法訴訟は，原告による多州籍による集団訴訟を，事実上，訴訟法上において不可能にしてしまうという，まさにパラダイムシフトである。

多州籍を含む集団訴訟の場合は，一部の原告が被告企業と同一州であれば，連邦裁判所に移送できない。

しかし，連邦法であるClass Action Fairness act[30]により，100人以上の集団訴訟において多州籍の原告と被告との間に完全な州籍相違が存在せずとも連邦裁判所に移送できるとしている。

すなわち，この事例においては，原告側と被告会社との間における，被告側と同一州籍の原告が存在しても移送できるとしていることから，同法の定める連邦裁判所への移送が出来る可能性はある。しかし，本判決においては33州と多州籍からなる500人の原告であるが同法の適用については論点にはなっていない[31]。

原告側にとってはカリフォルニア州裁判所の下での審理が有利であると考えて原告を集合させて集団訴訟を起こしたのであると推測できる。

---

[30] The U. S Class Action Fairness Act of 2005 1332 (d). 1453. 1711-1715.

[31] 三枝建治，藤本利一著「アメリカにおけるクラスアクションの近時の改革動向──クラスアクション適正化法を中心に」内閣府消費者庁ホームページ：「消費者の窓」(2005年)。

　BMS訴訟において原告団500人のうち40人がカリフォルニア州民である。同法1332(d)4の条項に基づき原告の構成員の3分の1を超えて3分の2未満が訴訟を起こした州の州民であることを規定している。

　この条項に従えば，原告団500人の10分の1程度にも満たない40人がカリフォルニア州民であることから，同法の適用を回避でき，同州裁判所において審理される。

　また訴訟金額は最低500万ドル以上である。

終章　最新の連邦最高裁判決動向からみえる今後の潮流

　すなわち，非居住者の原告の参加は，不法行為発生地に住む居住者においてのみ訴訟を起こすとによって生ずる，被告側からの完全なる州籍相違の申し立てによる連邦地方裁判所への移送を阻止できる。

　この判決は，明らかに特定的管轄権を認める要件として，原告が当該州の居住であるという要件については，修正14条の法の適正手続において判断されるべきとしている。

　結果として，非居住者は当該州においてかなり実質的な活動をしている被告会社に対して，特定的管轄権は行使できないのである。つまり，当該州において居住者であり，不法行為の発生地であり，被告企業が意図的に活動していることが，対人管轄権をいわゆる一般的，特定的に存在していることを示すことになる。

　原告が非居住者であっても，当該州において被告企業が不法行為を発生させ，継続的，実質的，意図的な活動をしているときは対人管轄権が認められるという稀な判決はあるが，極めて例外的である[32]。

　争点となるのは，当該州において原告が居住者であり，被告企業の活動が稀薄な場合は，流通の流れ理論の下，代理店等の仲介企業が実質的な意図的活動を当該州において行っているかどうかが重要な争点となる[33]。

---

[32]　Keeton v. Hustler Magazine, inc 465 U. S. 770 (1984).
　　名誉毀損訴訟において，両当事者とも非居住者である，被告は全米に名の知れた出版社であり，かつ，全米において出版物を販売していることから，同州においても名誉毀損という不法行為が発生しているとして，ニューハンプシャー州においても被告への特定的管轄権を認めた。連邦最高裁は名誉毀損訴訟における対人管轄権については広範囲に認めているので，例外的な判決として考慮すべきである。
[33]　ショーン・ハイゼンカ，高杉直「裁判管轄権ルールに関する日米法の比較検討」アメリカ法2017-2，197頁，日米法学会。
　　同論文において，結果発生地の特別管轄を認めるためには，結果発生地に

221

Ⅷ　対人管轄権訴訟の新動向

結論として，両判決からみると，一般的管轄権はほとんど認められないとして良いと考えられる。また，特定的管轄権は極めて制限的に解釈され，原告が非居住者の場合はほとんど認められない。

被告企業は裁判管轄権においても，州裁判所ではなく，連邦裁判所における審理を希望している。対人管轄権訴訟の多くは州籍相違が前提となる場合が多いが，実際上は州裁判所における訴訟が一般的であり，多くの判例も州裁判所からの上訴である。

結果として，これらの上訴を破棄することにより，連邦裁判所への移送が可能になる。

すなわち，被告側にとって連邦裁判所において実体審理をすることに優位性を見出している。BMS 訴訟は製造業界との消費間における不法行為における集団訴訟について極めて重要な対立点となり，この訴訟については原告と被告の双方に多くの amicus curiae（法定助言人）による意見書が出された[34]。

　　関する予見可能性だけでは不十分であり意図的利用を要するとする米国の立場は，通常，予見可能性で足りるとする日本の立場と比べて厳格なものであると述べている。
(34)　Amicus curiae briefs.
　　法定助言人意見書（上告人側）
　　Brief of the Atlantic Legal Foundation
　　Brief of DRI-The Voice of the Defense Bar
　　Brief of GlaxoSmithKline LLC
　　Brief of Money Mutual LLP
　　Brief of Pharmaceutical Research and Manufacturers of America
　　Brief of Product Liability Advisory Council, Inc.
　　Brief of the Reporters Committee for Freedom of the Press et al.
　　Brief of TV Azteca et al.
　　Brief of the U. S. Chamber of Commerce
　　Brief of the United States of America
　　Brief of the Washington Legal Foundation
　　法廷助言人意見書（被上告人側）
　　Brief of Alan B. Morrison
　　Brief of the American Association for Justice

終章　最新の連邦最高裁判決動向からみえる今後の潮流

　BMS 訴訟の判決において製造業界は大きな勝利を得たことになり，共和党主導の議会も懲罰的損害賠償に上限を定めるなどの一連の不法行為訴訟改革を進めている[35]。

　2017 年 Class Action Fairness act の改正も製造業界の望む方向性において改正が進んでいる，下院では可決されたが，上院において審議未了となっている。

5　下級審における判決

(a)　Ainsworth v. Moffett[36]

本判決は，J. McIntyre 判決の解釈を示した重要判例である。

事実関係は以下の通りである。

　T. Ainsworth はミシシッピ州の wayne 農園にてフォークリフトの作業中に死亡した。

　死亡原因はフォークリフトの欠陥によるものであるとして，同氏の未亡人 M. P. Ainsworth とその子供達と夫の母親等が共同で製造物責任と不法行為に基づく損害賠償請求訴訟を，Ireland の製造会社である Moffet に対して，ミシシッピ南部地区連邦地裁に起こした。

　このフォークリフトは Moffet と独占販売契約を結んでいたデラウェア州の会社である Cargotec によって農園に売却されていた。

　この訴訟に対して被告である Moffet らは同州に対人管轄権は行

　　　Brief of Asbestos Disease Awareness Organization
　　　Brief of Attorneys Information Exchange Group
　　　Brief of the California Constitution Center
　　　Brief of the Center for Auto Safety
　　　Brief of Public Justice
　　　Brief of various professors of civil procedure
　　　Brief of various professors of civil procedure and federal courts
[35]　各州において懲罰的損害賠償の上限枠を定める州法を制定する州もある。
　　モデル連邦統一製造物責任法において上限を示している。
[36]　716 F. 3d 174 (5th Cir. 2013).

使できないと主張して，却下の申立をおこなった。これに対して同地裁は第5巡回区控訴裁判所において採用している対人管轄権の流通の経路に基づく理論に基づいて被告の原告への対人管轄権不存在の訴えを却下した。被告はこの申立ての却下を不服として第5巡回区控訴裁判所に控訴した。被告の控訴理由は，J. McIntyre 判決の下に同巡回区の理論は否定されるべきだと主張した。同控裁は次の理由により被告の申立を却下し，連邦地裁の中間決定を支持した。

J. McIntyre 判決における Kennedy 判事らの相対的多数意見は法廷意見ではなく，判例拘束性のあるものではないとしたうえで，同判事らの意見は法廷地州において被告企業が狙いを定めていた特定的行為が必要であるとしている。

被告企業 Moffet はアメリカ合衆国の独占販売業者である Cargotec を通じて全米においてこのフォークリフトを売却し，2000年から2010年にかけて2億5,000万ドルの売上をなし，ミシシッピ州において203台売却し，400万ドル近い売上げをあげている。

この事実はこの製品が流通の経路の下に同州において売却されているということである。

すなわち，この製品が全米ネットワーク網を通じて販売されることを予想して流通の市場に置かれたものである。J. McIntyre 判決における Breyer 判事の意見は，単一行為であり市場から孤立した企業の行為について対人管轄権は認められないとして相対的多数意見に同意した。明らかに，Moffet 社は販売事業者を通じて流通の経路の下，市場の下に多数の製品を同州において売却している。この事実は同判事の意見に基づけば，単一でなく，孤立もしていない。同判事の意見は American Radiator 判決等の従来の製造物責任に関する対人管轄権認定の先例にも従っており，今後同判事の意見が主流となってくる可能性が高い。製造物責任訴訟において

終章　最新の連邦最高裁判決動向からみえる今後の潮流

外国の製造会社に対して対人管轄権が認められるのは，製造会社が
その製品の販売業者を通じ，流通の市場を通してその製品のある一
定量売却されている必要性があるとしている。すなわち，前述した
通り，McIntyre U. S. A が存在していても同社に対人管轄権が及
ぶかは微妙である。しかし，Kennedy 判事らの意見はより特定的
な行為が市場を通じて行われることが必要であるとされ，単に流通
の市場に製品を流すだけでなく，何らかの行為が必要であるとして
いる。Breyer 判事らの意見は流通の市場において製品をある一定
量の製品を販売経路に置く必要があると推論している。それゆえに，
Breyer 判事らの意見の方が下級審において採用されている由縁で
あろう。事実，連邦最高裁は控訴人の上告を認めず，控裁判決が確
定した。憶測であるが，Breyer 判事らの意見が多数意見になるこ
とを避けたのかもしれない。独占販売業者である Cargotec を共同
被告として訴えられていないことからおそらく和解が成立している
と思われる。また製造物責任保険からも原告である被害者には賠償
金は支払われている。外国製造会社への損害賠償請求は単なる金銭
的な損害賠償請求訴訟の意味だけではなく，本案においてその原因
を究明する目的もあるのではないかと思われる。

(b) **He Nam You, et al. v. Hirohito. et al.**[37]

　韓国在住の元慰安婦達が日本政府等[38]に対して Class action（集
団訴訟）として損害賠償請求訴訟をカリフォルニア州北部地区連邦
地裁に提訴した。被告の一企業である産経新聞社に対しては同社の
新聞記事により，原告の名誉が侵害されたと主張して損害賠償を請
求した。これに対して同社はカリフォルニア州において主たる活動

---

[37] No. 15-3257, N. D. Calif; 2016 U. S. Dist.

[38] 故天皇裕仁，故岸信介元首相及び日本郵船，日産自動車，トヨタ自動車，
新日鉄住金等，日本の代表的企業が被告として列挙された。

225

はしていないとして対人管轄権の欠如を主張して訴えの却下を申立てた。一方原告側は同社ニューヨーク，ワシントンD. C. ロサンゼルスに支局をもっていること，ウェブサイトにおいてアメリカ合衆国においてニュースを配信し，一定の利益を得ていること，そして親会社であるフジメディアホールディングの下に独立した第三者に新聞記事を提供していた，と主張した。原告側は同社に対してJurisdiction discovery（対人管轄権上の証拠開示）を請求し，同裁判所もこれを許可したが，最終的には他の残りの被告と同様に全ての原告側の請求を却下した。すなわち，被告である同社はフジメディアホールディングのひとつの子会社であり，かつ，同グループの活動の一部であり，産経新聞社の活動としては同州に一般的対人管轄権は認められない。また，法人格否認の法理[39]の下に同社の子会社としての活動を親会社の活動として認める程の十分な証拠は見いだせないとした。

　次に特定的対人管轄権について，次のような判断を示した。

　産経新聞社はアメリカ合衆国内に同社の記事をダイジェストして88部配布していたことが唯一のコンタクトであり，また同時に107部の広告紙も配布していた。これらの行為はアメリカ合衆国内の読者を狙ったことを示すいかなる証拠も見いだせない。また，争点となった記事が同国内で多くの人々に読まれたという証拠も全く見つけ出すことができない。この事実は特定的対人管轄権が同州において行使できないことを示している。この判決もDaimler AG判決と同様な訴訟であり，典型的なForum Shoppingである。

　まったく事実関係が存在せず，不法行為発生地でもないアメリカ合衆国，カリフォルニア州において訴訟を起こして，もし対人管轄権が認められたならば，陪審裁判において同情的評決を引き出す

---

(39)　註145参照。

狙いがあったと考えられる。このように同国が他国間の問題に関する訴訟を引き受けて多額な費用を使用することは，Public Interest（公的利益）に反することである。

Daimler 事件も 1980 年代，アルゼンチンの独裁的な軍事政権下でおきた劣悪な人権侵害事件の下でどのように同社が係わっていたかはわからない。しかし，この事実関係の下にカリフォルニア州において訴えを起こすことは，元慰安婦訴訟と同様，法的安定性を欠くものである。これらの訴訟が対人管轄権の不存在に基づき阻止されたことの意義は大きいと考える。

6　連邦控訴裁判所における特許に関する対人管轄権訴訟

ワシントン D. C. にある連邦控裁は，ワシントン地区連邦控裁と異なり，特許権と商標権についての訴訟を連邦地裁からの控訴として一括して管轄するものである。

この控裁における特許権侵害に関する訴訟で，対人管轄権の認定について 3 件の判決を下している。その内 1 件は対人管轄権を認め，2 件は否定している。

1 件目は，Celgard, LLC v. SK Innovation Co., Ltd[40]である。

控訴人，Celgard は，韓国の電機メーカーである SKI 社がバッテリーの分離器について自社の特許に違反している製品をノースカロライナ州において販売しているとして訴えた。SKI 社は対人管轄権の存在を争ったが，控訴人は，SKI 社がノースカロライナ州に所在する第三者である電機製造会社に分離器を売却していることから，流通の経路の中に商品を置いたとして，特定的対人管轄権が存在していると主張した。ノースカロライナ州連邦地裁は原告の訴えを却

---

[40]　Fed. Cir July 9 2015.

下したので，原告が連邦控裁に控訴した。連邦控裁は原判決を確認した。

SKI 社は，韓国の Kia 自動車との合弁会社と一緒に自動車用のバッテリーの売却をノースカロライナ州において意図的に行っており，Kia 自動車も多くの自動車を同州において広告し売却している。すなわち Kla 社と SKI 社はノースカロライナ州において一心同体に活動していると主張した。

この主張に対して，控裁は，SKI 社が Kia 社の代理店としてalter ego の理論に基づき Kia 社の子会社としてノースカロライナ州において活動していたという何らの証拠を示していないとして，分身論に基づく法人格否認理論の適用を認めなかった。

また，流通の経路に基づいて，この特許侵害した分離器がノースカロライナ州において販売の系統の下に 1 台も売却されていないと主張した。

この流通の経路の理論については連邦最高裁において明確な判断が示されていないことから立場を保留した。

すなわち SKI 社がノースカロライナ州において Kia 社との合弁会社を通じて自社製品を売却していることが，SKI 社が Kia 社の分身として活動していることを認めなかったことにより，ノースカロライナ州においてミニマム・コンタクトが存在しないとして特定的対人管轄権を否定した。

おそらく，Kia 社の自動車のバッテリー装置の一部分に同社の製品が使用されているのかもしれないが，その事実をもって SKI 社を Kia 社の分身として同一会社として意図的活動をしているとはみなされないとした。

もう 1 件の AFTG-TG, LLC v. Nuvoton Technology Corp., Ltd[41]

---

[41]　Fed. Cir Aug 24 2012.

において，特許不実施主体である会社[42]，AFTG 社はワイオミング州において複数の会社に対して特許違反を理由にワイオミング連邦地裁に提訴した。被告達はワイオミング州において該当製品を売却していなかったが，原告は被告が流通の経路の下に様々な会社を通じて，その製品を売却していると主張した。連邦地裁は実際にワイオミング州において到達した製品に特許違反の技術を使用している事実も証拠も認められないとして，ワイオミング州における被告への対人管轄権を否定した。原告は連邦控裁に控訴したが，同控裁は連邦最高裁の流通の経路の理論の先例を解釈して連邦地裁判決を支持した。また，連邦控裁は AFTG 社が特許違反を理由にその支払い料を請求することを目的とした組織であるとして，ワイオミング州において同一製品が売却されている事実も証拠も見出せないものであり，明確に同社の露骨な形式的な告発であると断定している。

次に対人管轄権を認めた判決もある。Polar Electro Oy v. Suunto Oy[43]である。Polar 社，Suunto 社ともにアスレチック用品として有名なフィンランドの会社で，気圧計，時計等，登山用具等の電子部品及び製品を製造，販売している。Polar 社は Suunto 社が自社の製品の特許に違反している部品をフィンランドから船積して，米国のデラウェア州に，親会社でもある Amer 社を通じて売却をしたという事実から，両社を訴えた。

Amer 社はデラウェア州に法人登録をしたユタ州を実質的な本拠地とする会社である。Suunto 社は Amer 社の業務の下にこの製品をフィンランドから船積して航空便でデラウェア州に送り，Amer 社の下に全米にこの商品を販売していた。デラウェア州は Suunto 社が WEB 広告を出しており，少なくとも 3 個の特許に違反した製

---

[42] Non Practing Entity 特許権をもちながら何んらの特許の発明の実施をおこなわず，専ら他者に対する権利行使により利益を得ようとするもの。

[43] Fed. Cir July 20 2016.

品が売却されていた。これらの事実から，Polar 社は Suunto 社を特許違反によりデラウェア州連邦地裁に訴え，同地裁は Suunto 社の同州においての活動についてミニマム・コンタクト見出せないことから，対人管轄権を欠くとして被告の申立の却下を認めた。すなわち，ジュリスディクション・ディスカヴァリーによって Suunto 社がデラウェア州の市場において，自社の製品について直接的に販売せず，Amer 社の販売網の下に製品を販売しており，流通市場に単に製品を置くことのみであり，積極的に市場に参入していないことから，ミニマム・コンタクトは認められないとした。

連邦控裁は原告からの控訴を認め，以下のように地裁判決を破棄した。Suunto 社はフィンランドにおいて，特許侵害している製品 94 個をアメリカ合衆国に送っており，その内 3 個がデラウェア州において販売されている。デラウェア州ロングアーム法は二重管轄権理論を認めており，Suunto 社はアメリカ合衆国の市場だけでなく，デラウェア州の市場においても特定的に参入する意図的な目的を持っている。この事実は連邦最高裁判例に従っており，ミニマム・コンタクトを認めうるに十分であるとしている。

Suunto 社は積極的に特許侵害した製品をフィンランドから船積した行為が，流通の市場に単に製品を置いたのでなく，流通の市場に製品を積極的に投入することで市場に参加した付加的行為とみなした。この点，連邦地裁はこの行為を付加的行為とみなさず，単に流通の市場に製品を置いたものとみなした。

このように特許権侵害に基づく不法行為訴訟は製造物責任訴訟における対人管轄権の存否に関わる争点と類似している。

すなわち，製品の一部を構成している部分が特許権を侵害しており，その製品を製造した会社が，特許違反の事実が発生した州と何らの関わり合いを持たないことである。

特許侵害訴訟は人的損傷が発生したものでなく特許権侵害という

事実から発生する損害賠償である。特許権侵害という因果関係の立証は，実体訴訟で行うとしても，ジュリスディクション・ディスカヴァリーにおいて，かなり，特許侵害の事実関係が開示されることからも，実体訴訟にも影響が出るものと思われる。

　本件の訴訟において，親会社であり主たる販売会社である Amer 社は対人管轄権を競わず，Polar 社との間においては特許権侵害の実体訴訟も並行して行われていることからも，フィンランドの Suunto 社のみ対人管轄権を争ったことになる。

　製造会社である Suunto 社を親会社の訴訟に加わらせることによって特許権侵害の事実の証明に役立つものとして訴えた可能性もある。

7　2011 年判決以降の連邦最高裁判決動向についての考察

　連邦最高裁は 2011 年から 2017 年にかけて対人管轄権に関する訴訟について積極的に上告を受理して，各々の事例についての判断を示してきた。

　4 件の事例とも不法行為訴訟の要因を含んでおり，2 件が製造物責任訴訟，1 件が人権侵害，1 件が意図的な不法行為である。

　管轄権の区分については，一般的管轄権が 2 件，特定的管轄権が 2 件である。

　いずれの事案も対人管轄権が否定され，特に一般的管轄権についての判例は対人管轄権が否定されても当然のような事例であることは明らかである。これらの判例に関してはいずれも判事全員一致の意見に基づいていることからも，連邦最高裁として確固たる意思表示を示した。すなわち，訴訟原因発生地と法廷地が異なる場合，単なる外形的要因である子会社の存在だけでは認められないとして，その子会社が親会社との密接な関係を持ち，その法廷地を実質的に

Ⅷ　対人管轄権訴訟の新動向

本拠地とすることが必要であるとした。

　このような要件を設定することは，本質的に一般的管轄権を認定することは殆ど不可能に近いとも言えるのではないだろうか。

　一連の判決の中で唯一争点となったのが，J. McIntyre 判決である。この事例は典型的な製造物責任訴訟であり，事故発生地と法廷地が同一州であることである。また，典型的な特定管轄権の事例ともいえる。

　今後，対人管轄権訴訟争点は製造物責任訴訟が中心となっていくものと思われる。

　特に，製造物の製造部品が複雑となり，それが多くの国の企業の部品より製造される集合体であることからも，その責任の範囲は広範囲に及ぶものとみなされる。

　一方，州最高裁，連邦控訴裁判所（特に第9巡回区）においては対人管轄権を認めている。いずれの判例も被告側からの上告である。これは連邦最高裁判例と完全な齟齬をおこしている。

　この事実から，連邦最高裁が連邦国家としての州の対人管轄権の拡大に対して歯止めをかけてきているのは明らかである。このような判例動向は International Shoe 判決以降一貫しており，ミニマム・コンタクトが明確に認められた判決は4件のみであり，その内の2件は名誉毀損訴訟における損害賠償である。

　Insurance, Cop 判決をどのように解釈するかについては判断の分かれるところである。一応，ディスカヴァリーの請求に応じなかった結果として対人管轄権を認めており，ミニマム・コンタクトの存在を争っているのではないことからも別枠とみなすべきである。

　すなわち，他州への対人管轄権の行使はその行使される州においてその訴訟原因となる行為が意図的な利用の下に行われていることであり，何らかのパワーの行使が実行されていることが必要であると考えられている。

終章　最新の連邦最高裁判決動向からみえる今後の潮流

　すくなくとも，この何らかのパワーが及ぶとか意図的であるかどうかいう行為の推定は量的とか物理的とかという一種の推論はきわめて裁量的なものになってしまい，つまるところ，gustolt Factorとしてとらえられてしまっている。しかしながらこのような観念論であっても連邦最高裁はある程度一貫して意図的利用論をその判断の中心においてかなり意識的にこの理論を解釈している。

　すなわち，結果として，対人管轄権の他州への行使を拡大について従来通り慎重になっていることは明らかである。

　2013年以降の判例動向をみてみると，McIntyre判決の相対的多数意見を受けいれているも，下級審の判断は分かれている。

　Asahi判決以来，5原則に対して，柔軟な適用をしている第5巡回区連邦裁判所は独自の理論の下，Breyer判事らの理論に従って対人管轄権を認めているが，一方，ケンタッキー州西部地区裁判所は同じアイルランドのフォークリフト製造会社に対してMcIntyre判決の相対的多数意見に従い同州においての対人管轄権を認めなかった[44]。

　このように相反する判断が多く下されている状況は前述した1990年代の判決動向からあまり変わっていない。

　すなわちアメリカ国内において販売代理店が存在していても製造会社にまで製造物責任は及ばないとする判決も多いのである。流通の市場に基づく争点はAinsworth連邦判決が最新の判断を示していることであるが，この先例は一つの指針とはなるが，今後もこのような事例はCase By Caseとなるであろう。

　一方，一般的対人管轄権に関する争点は連邦最高裁において全員一致に基づき判断を示しており，Daimler判決，OBB判決において決着を示している。

---

[44]　Lindsey v. Cargotec USA, Inc. No. 4 : 09CV-00071-JHM, 2011 WL 4587583（W. D Ken.sept. 30, 2011）.

OBB 判決は一般的対人管轄権ではなく連邦外国国家主権免責法の下に事物管轄権が存在しないとしているが，国家行為でない場合は通常の不法行為事件として取り扱われた場合は，一般的対人管轄権が存在しないとして考えればよいのではないか。

これらの判決の動向からみれば，明らかに海外における不法行為について，アメリカ国内で訴訟を起こし，海外の相手方に対して対人管轄権を行使することを明確に否定している。

8 迷宮から縮小へ

アメリカ合衆国における裁判管轄権とは州の権能を表す，基本構造であり，まさに州権そのものである。州の裁判管轄権の競合は単なる民事訴訟法上の問題ではない。

連邦制度を骨格とした体制下，連邦憲法上における州の管轄権（Jurisdiction）は司法管轄権を基軸に事実上の準国家的存在を示すものであることは既に述べた通りである。連邦制度はアメリカ合衆国の骨格をなす基本構造であり，合衆国憲法修正 10 条及び他の条項の下に支えられているが，その中に裁判管轄権に関する条項は存在しない。

独立宣言から連邦憲法において第 4 条 1 節の「十分な信頼と信用」条項に基づき判決の執行を行うことで，連邦制は十分な機能が果たせるものと憲法の起草者達は考えていたと想像するに難くない。そのことからも，裁判管轄権が存在するかしないかは憲法上の問題とせずコモン・ロー上においては論議されていた。

憲法上における裁判管轄権の有無の争点が浮上してきたことは明らかに修正 14 条制定後であることは，既述したとおりである。

本質的に裁判管轄権の存否は連邦憲法上の争点であり，かつ，民事訴訟の重要な争点として取扱われ，教科書においてもかなりの部分を裁判管轄権について割いている。

終章　最新の連邦最高裁判決動向からみえる今後の潮流

　裁判管轄権に関する法的論争はアメリカ合衆国建国 240 年の歴史の中で 140 年近く争われてきた歴史があり，本論文においては主要な判例を克明に分析することにより，激動する歴史の中において，社会の変動により影響を受けた多くの判例の積み重ねによって解釈基準も変化してきた。

　International Shoe 判決以降のミニマム・コンタクトの解釈は，まさに，その後制定された各州のロング・アーム法に基づき適用され，修正 14 条の下に合憲性の有無を判断した。そして，ミニマム・コンタクトの解釈の中心は purposeful availment（意図的利用）に基づく行為がおこなわれているかどうかが対人管轄権を認定するための分水嶺となっている。

　しかし，企業および人がその州においてどのような行為を意図的，すなわち，ある目的をもって訴訟原因を起こしているかについての評価は各々の事例によっても異なる。また，その行為をどのように質的または量的に分析するかによっても異なる。要するに裁判官の裁量的判断に委ねられるのである。

　特にアメリカ合衆国の最高裁判所判事は司法職の最終的ポストであり終身である。このような立場にある判事はかなり自由な裁量の下に判決文を執筆できる。

　対人管轄権に関する下級審判決は個別的事例により判断が異なるため，連邦最高裁に最終判断がもとめられ，各判事の意見がその人格，思想的背景等，様々な要因の下に解釈を示すことになる[45]。

　1957 年の McGee 判決から 1990 年の Burnham 判決まで Brennan 判事は一貫して対人管轄権拡大の意見を述べてきた。一方，他の判事らは各々の事件において判断が分かれているが，傾向として，リベラル派の判事は拡大解釈派に近い立場をとっていることは明確で

---

[45]　John Leather「article: supreme court voting patterns related to jurisdictional issues」Washington Law Review vol 62. 631 1987.

VIII 対人管轄権訴訟の新動向

ある。

一方，保守派の Rehnquist 判事は 1978 年の Kulko 判決以降，Scalia 判事は 1987 年の Asahi 判決以降一貫して対人管轄権を制限的に解釈する意見を述べている。

1957 年の McGee 判決から 1990 年の Burnham 判決まで関わったのは Brennan 判事のみである。

同判事は争点となった製造物責任訴訟における流通の流れ理論を製品の流通の系統として柔軟に解釈した。そして同判事は事故発生地における対人管轄権を認める立場を明確にした。

対人管轄権訴訟の重要な争点は最新の判例からも明らかなように，製造物責任訴訟における World Wide Volkswagen 判決の少数意見と Asahi 判決における同数意見である。すなわち，事故発生地における製造業者の責任の範囲をどこまで認めるかということである。

結果として，その製品を流通過程に置くことのみで，その商品が使用されている地域において，対人管轄権に服するということである。この理論は Ginsburg 判事らに受け継がれており，少数意見ながら継続している。

McIntyre 判決において Kennedy 判事らの意見が法廷意見とならなかったことからも，中間的な見解を示している Breyer, Alito 判事らの意見が今後の判例において，どちらに組するかによって異なることが予測される。実際上，各々の具体的事実によっても異なるので，製造物責任訴訟のような州際間，国際間にまたがる対人管轄権が争点となる事案が連邦最高裁に上告され，新たな判断が示される必要性がある。Asahi 判決以来，30 年近くこの争点については決着がついていない。

対人管轄権をより広範囲に認めるかどうかという民事訴訟法上の争点は，リベラル派，保守派という思想的背景に基づいて争点となっている憲法上の人権問題としての中絶問題及び同性婚問題とは

終章　最新の連邦最高裁判決動向からみえる今後の潮流

相いれない争点のように思われる。

　しかし，この争点は修正 14 条に基づく訴訟を起こす権利である Individual Liberty Interest（個人の利益に基づく自由権）を基本権として考えていくと，訴訟を起こす権利，反訴する権利として，ごく自然に，人権上の争点と見ることもできる。

　1945 年以降，ミニマム・コンタクトの認定について連邦最高裁は対人管轄権の拡大については制限的でありつづけており，最新の判例においても制限的解釈を示しつづけている。前述したように，製造物責任訴訟における製造企業，下請企業に対して，どこまで拡張的に対人管轄権を認めていくかどうかが最大の争点として残存し，相対的多数意見は制限的に解釈している。今後の判例変更の可能性は，判事の交替が唯一の可変要因であることも前述したとおりである。

　対人管轄権に関する争点は明確な結論が出ないまま，連邦最高裁は明らかに Forum Shopping に対しては厳しい姿勢を強めている。

　やはり，結論として，何度も述べるが連邦最高裁の判事の裁量と判事の交替によるリベラル派，保守派，中間派の構成が判決に大きな影響を及ぼすことは明らかである。

　今後，どのような具体的訴訟が連邦最高裁に上告されるかどうかは未知数であるが，Asahi 判決から McIntyre 判決まで 30 年間近いブランクがあり，予想される判決も現状と変わらない可能性が高いと思われるが，予想外の判決の可能性もあるといわれている。

　対人管轄権の争点は，常に判例の積み重ねであるから，将来の判例がそれに積み重なって新たな方向性を見出すかもしれない，しかし，1 世紀近く前の Holmes 判事の管轄権の基盤はそのパワーにあるという理論が対人管轄権の解釈の根底に強く根を張りつづけていることは多くの判例分析の結果から見え隠れしている。

　このように論じていくと，裁判管轄権もしくは対人管轄権に関す

237

る訴訟の基本構造は 19 世紀の判例から基本的には変化していない
のではないかと思われる。

ペノイヤールール，同意理論，ミニマム・コンタクト，意図的利
用論，Gestalt Factor 等の色々な解釈理論の積み重ねによって個々
別々に判例解釈の基礎となっている。

現在も，米国内において対人管轄権の争いが重要な争点となって
おり，裁判所において異なる判例が出されている。

事実，この争点を解決するための明確な基準はない。しかし，こ
の曖昧模糊とした解釈理論こそ，対人管轄権の存在有無を判断する
ための事実関係について的確な解釈を求めることができるのではな
いかと考えている。

また同時に，この争点は思想性というものが憲法上の解釈に基づ
く民事訴訟の問題としては例外的に判事の個性及び思考が影響を及
ぼしている事実は，初期の判例における Story 判事と Johnson 判
事の対立から始まっているのではないかと考えられる。

特に重要なのは Field 判事の存在であり，同判事が修正 14 条を
適用できるという傍論を述べたことが何よりも裁判管轄権訴訟から
対人管轄権訴訟に認識を変更させたことである。

同判事の私有財産に対する所有権保護の考え方がなければ，おそ
らくこの条文の適用はなかったのではあるまいか，また，前述した
ように Holmes 判事の裁判管轄権理論も同様である。

International Shoe 判決の Stone 主席判事らの意見は，ミニマ
ム・コンタクトとして後の判例の解釈の中心となったが，Black 判
事の批判的意見は修正 14 条の解釈の拡大に警鐘を鳴らしているよ
うに，結果として，ミニマム・コンタクトの解釈の柔軟性によって，
裁量の幅を拡げてしまったことから，この原則に補足を与えたのが，
Hanson 判決である。

Warren 主席判事ら 5 名の多数意見は，対人管轄権訴訟における

終章　最新の連邦最高裁判決動向からみえる今後の潮流

意図的利用論という原則を生み出すことにより，一方の当事者の救済のために，より公平の視点を重視した画期的な判決を下している。

　この原則は後にミニマム・コンタクトと並ぶ重要な原則となり，対人管轄権訴訟の解釈に重要な役割を果たしたことは Asahi 判決における，O'Connor 判事らの意図的利用を重視した理論と，Brennan 判事らの意図的利用を重視しない理論という解釈の二大潮流を生み出したことになる。

　この2つの流れは現在でも引き継がれていることは既に述べているが，このように判事の個性が明確に分断している。もちろん，他の人権上の判決，銃規制の判決においてはより顕著に現れており，一方対人管轄権訴訟も，ある一定の人権上の要因を持つことは既に述べている。しかも，判事らの個性が色濃くこの種の判決に影響を与えている。

　特に，保守派が抑制的に，リベラル派が拡大的に対人管轄権を解釈する傾向があることは既に述べているが，この事実として，19世紀初頭に先例があることも前述している。

　また，次のような新たな解釈も意義深いものである。

　すなわち，裁判管轄権訴訟（対人管轄権訴訟）を Social Function（社会的機能）[46]としてとらえることである。この社会的機能とは社会における政治的，経済的な変化に対応して，憲法の解釈を起草者達の憲法上の用語に固執することなく，従来の権威的なものよりも社会の価値観，必要性に応じて解釈していくべきだとしている。

　すなわち，対人管轄権訴訟も形式主義に基づいたパワー理論でなく，ミニマム・コンタクトを柔軟に解釈することにより，より拡大した解釈に方向性を示すことである。

　これにより，他州の会社，個人が訴えられやすいことになり，原

---

[46]　H. Reynolds, The Cocncpt of Jurisdiction; Coflicting Legal Ideologies And Persistent Formalist Subversion, 18 Hasting Const, LQ 819 (1991).

Ⅷ 対人管轄権訴訟の新動向

告側の主張が社会に反映されやすくなることであり，このような社会に影響を及ぼした判決には International Shoe 判決と Mullane 判決があげられる。

International Shoe 判決は明らかに Shoe 社に雇われていた被雇用者を救済するために，社会保険料徴収の訴訟を起こし，Shoe 社に支払いを求めた。実質的には Shoe 社がワシントン州の対人管轄権に服することにより，その支払いが確定したものであり，まさに社会的機能として，この判決が機能したことによる。実質的には単なる訴訟法上の問題だけでなく，実体法上の社会保険料の請求も認められたことになる。

次の Mullane 判決も同様であり，共同信託組合が住所の判明している出資者に対して公告によりその出資金の精算通知による不利益を受けたことに対して，この公告による精算を適正手続き違反としたことは，実質的にこの判決により，原告側出資者の実体法上の権利も認めたことであり，まさに，Social Function として出資者を保護したことになる。

Hanson 判決については，既に詳しく述べているが，この判決も明らかにフロリダ州法を適用させないためにデラウェア州判決を認めることにより，事実上祖母の信託に基づく孫への代襲相続の相続分の公平性を保つ Social Function の役割を果たしている。

しかし，多くの判決，特に製造物責任訴訟に基づく対人管轄権訴訟は最新の J. McIntyre 判決に見られるように Social Function としての被害者救済の立場を示していない。

また，Daimler AG 事件のような，明らかに Forum Shopping のような訴訟について，この Social Function の理論を適用するのは不適切である。

しかし，現実においてこの Social Function はあまり理論として受け入れられていないが，現実にこの理論に影響を受けた判決も前

述のように存在している。

このように対人管轄権訴訟は単なる手続法上において争点なだけでなく，実質的にはその訴訟の本案の審議についても大きく影響を及ぼす結果を招いたのである。

対人管轄権訴訟がアメリカ合衆国において重要な争点となるのは，その競合を争うことにあるが，実質的には本案訴訟の中身までJurisdiction discovery によって開示されることである。それにより本案の審理前に何らかの和解を求められることは双方において重要な選択となる。多くの訴訟は実際の訴訟の前段階において和解に持ち込むことにより，仲裁条項，対人管轄権合意条項において解決している。

しかし，一部の不法行為訴訟，特に第三者からの訴訟は予見不可能で，対人管轄権の競合となりうるし，Forum Shopping 等も明らかに意図して起こすものである。

対人管轄権訴訟の存否を争うための法とは，ロング・アーム法または，Restatement でもなく訴訟を審理する連邦最高裁判事の多数意見もしくは少数意見に基づく判例法である。

すなわち，個々の訴訟の内容について Social Function をより機能させるかさせないかという争点も含んでいるように思える。

対人管轄権訴訟の争点がどのように発展していくかについては，まさにどのような内容の訴訟が連邦最高裁において審理されるかされないかどうかに関わっている。

連邦最高裁自身も解釈については混迷を深めていることは，同最高裁の T, Marshall 判事の Kulko 判決[47]において次のように述べていることからも明らかである。

International Shoe 判決におけるミニマム・コンタクトの解釈を

---

[47]　436. U. S at 92.

Ⅷ　対人管轄権訴訟の新動向

合理的に決定するための基準を機械的に適用することはできない。

　むしろ，各々の事例における事実関係が，様々な関係性に伴って何を引き起こしているかどうかを決定しなければならない。この決定の答えを白か黒かに単純に決めることはできない。

　多分，この解答は灰色であり，そして無数の陰影の中にある。

　また，抵触法の権威の一人である R. Weintraub 教授も対人管轄権の解釈について混迷と混沌状態にあり，まさに Gestalt Factor であると論じている[48]。

　このように対人管轄権の解釈は FNC の法理とあいまって，その事実関係からその解釈として存否を見いだしていくことは複雑な方程式を解くようなものである。

　ひとつの例を挙げて次のように論じている。

　1930 年代後半当時，ソ連に対して厳しい見解を示していた英国の政治家 Winston Churchill[49]は不可解な内側に神秘的に覆い隠された得体の知れないロシアの巨人と名付けることで，ソヴィエト連邦がナチスドイツの侵攻に適切に反応し，予測するためのいかなる能力をもっていないと予言した。

　この比喩は対人管轄権の概念について学理上の解釈が定まらないものであることを適切にたとえている[50]。

────────

[48]　Weintraub Map Out of the Personal Jurisdiction Labyrinth, 28 U. C. DAVIS L. REV. 531 (1995).

[49]　1874〜1965. 英国の政治家，元首相，特にソビエト連邦に対して厳しい見解をもっていた。

　　想像するに，ソ連を対人管轄権の概念とみなし，ナチスドイツのソ連侵攻をその解釈としてとらえたと考えられる。すなわち，ソ連がナチスドイツの侵攻があるかないかを見いだすこと同様に対人管轄権があるかないかを見いだす解釈は，神秘的なベールに隠された漠然としたものであるとした。おそらく，ソ連は独ソ不可侵条約を締結後もナチスドイツの侵攻を当然予測すべきであったが，漠然とした危機感の中に予測できなくなっていたと考えられる。

　　この発言の出典は示されていない。

[50]　Donatelli v. National Hockey League 893 F2d 459 (1st cir. 1990).

終章　最新の連邦最高裁判決動向からみえる今後の潮流

　また，対人管轄権の解釈は科学よりも芸術的な領域に入っていると論じた T. Marshall 判事見解についても，抵触法のもう一人の権威である Von Mehren 教授は理解を示している[51]。

　しかし，ラビリンスに迷い込んだ解釈であっても，製造物責任訴訟においては Kennedy 判事らと Breyer 判事らの総合的解釈に意見の統一性を見いだしている。

　また，米国内での裁判を目的とした Daimler 判決，慰安婦判決にみられるような Forum Shopping に対しては明確に対人管轄権を認めない姿勢を示している。

　連邦最高裁が保守，リベラルに関係なく，アメリカ合衆国の州における稀薄な関係を利用して，対人管轄権を取得して同国とまったく関係ない訴訟に巻き込まれることを拒否したことは，大いに意義のあることである。

　2017 年の 2 つの判決は原告が対人管轄権訴訟に勝訴することを実質的に断念せざるを得ないことを示している。

　一般的管轄権は明確に Daimler，BNSF 両判決により厳しく制限され，実質的にその存在を認める解釈はできなくなってきている。これも今後，下級審がどのような判決を下すかによって何らかの解釈が進んでくるであろう。

　これまでの連邦最高裁判例よりも一層厳しく Forum Shopping は制限され，ミニマム・コンタクト，意図的利用論等の解釈基準も「特定的」な行為が行われていることを証明しない限り認められな

　この比喩は Selya 判事の判決文の中で述べられている。この判決の事実関係は以下の通りである。権利能力なき社団については一般的には対人管轄権は認められないが連盟の役員については認められることもある。本事件において連盟の役員が法廷地州において一般的対人管轄権を認める程の活動はしていないとして連邦地裁の決定を破棄した。

[51]　Von Mehren. Adjudicatory Authority in Private International Law a comparative study. 2007 Martinus Nijhoff Publishers.

243

い。これはアメリカ合衆国の当該州における外国企業に対して州民が訴えることが容易でなくなることである。

BMS判決に見られるように，明らかに製造業界に有利な判決が出されるなど，連邦最高裁は対人管轄権訴訟について保守，リベラルを問わず明確に製造業界側にたったことは明らかである。

巨額な損害賠償請求，訴訟の頻発，中小企業保護，米国内で事実関係が発生していない訴訟の提起等，対人管轄権訴訟の制限は米国内においての税金及び訴訟時間の削減に大きな利益をもたらすことになる。

一方，一般消費者にとっては大規模な製造物責任訴訟に見られる自動車の欠陥，薬害等，全州的に発生する訴訟において，単一州に原告を集中させるクラスアクション方式の訴訟が困難になったことは消費者，被害者側にとっては，不便な法廷地ではないが，原告にとっては合理性のない法廷地を強いられることになる。

すなわち，原告の住居地において訴訟を提起したとしても，個々別々になることからも訴訟費用，弁護士費用の負担は重くなると考えられる。

明らかに2011年判決から連邦最高裁は原告が起こす対人管轄権訴訟に対して被告の行為が当該州において行われたかどうかについて，より制限的に解釈している。

これらの連邦最高裁判例からみれば，訴訟を起こす当事者は相当慎重に対人管轄権を行使できるかどうかを検討しなければならない。

140年に及ぶ対人管轄権訴訟判決の歩みの中で，その有無を解釈することが迷宮のようになっているとされたが，被告の行為について対人管轄権が認められるかどうかがより一層に迷宮にはまりこんでいる。

連邦制度を持つ米国にいて，州の枠を超えての訴訟は修正14条によるさらなる厳格な解釈の適用を示したことにより，対人管轄権

の存在を相手方に認めさせることは実質的に困難になってきている
と明らかであることは確かである。

　連邦最高裁判事の交替も BMS 判決および BNSF 判決を考察する
限り，保守，リベラルに関係ないことを示している。

　唯一，Sotomayor 判事が Brennan 判事の対人管轄権の解釈につ
いての意思を継いでいる。

参 考 文 献

A. Benjamin Spencer Civil Procedure Fourth Edition. 2014 west Academic

Gany B. Bom International Civil Litigation in United States Court Third Edition Kiuwer Law International 1996

Robert C. Casad Jurisdiction in Civil Action Fourth Edition I. Ⅱ Lexis Nexis 2015

ジェフリートゥービン／増子久美・鈴木淑美 訳『ザ ナイン アメリカ連邦最高裁の素顔』

Law Review

Patrick J. Borchers The Death of the Constitutional Law of Personal Jurisdiction : from Pernoyer to Burham and BackAgain 24 U Davis L Rev 19. 1990-1991

R. Whitten The Constitutional Limitations on State – Court Jursidiction : Historical – Interpretative Reexamination of Full Faith and Creditard Due Process Clause, Part I 14 Crelgrton L. Rev, 499, at 590（1981）

M. Twitichell. Burnham and constitutionally Permissable Levelof Harm. 22 Rutgers LJ 659（1991）

T. Parry. Paper Symposium Makeingsense of Personal Jurisdiction After Good year and Nicastro Lewis & Clark Law Review Vol. 16. 3

Albert A. Ehrenzweig Theatise on The Conflot of Laws West publshing Co. 1962

Patrick J. Borchers Jurisdiction and Private International Law. 2vols, 2014. 3（E. Elgr, UK）

〔資料〕判例表

〔資料〕判例表

判例 ＼ 判事	Douglas	Black	Brennan	Stewart	Burger (主席判事)
International Shoe Co. v. State of Washington 1945	○	○			
McGee v. International Life Insurance Co., 1957	○	○			
Hanson v. Denckla 1958	○	○	○		
Shaffer v. Heitner 1977			○	×	×
Kulko v. Superior Court 1978			○	×	×
World-Wide Volkswagen Corp. v. Woodson 1980			○	×	×
Calder v. Jones 1984			○		○
Keeton v. Hustler Magazine, Inc. 1984			○		○
Helicopteros Nacionales de Colombia, S. A. v. Hall 1984			○		×
Burger King v. Rudzewicz 1985			○		○
Asahi Metal Industry Co. v. Superior Court 1987			△		
Burnham v. Superior Court of California 1990			○		

248

［資料］判例表

White	Rehquist (主席判事)	Blackmun	Powell	Marshall	O'Connor	Stevens	Scalia
×	不参加		×	×		×	
○	×	×	○	×		×	
×	×	○	×	○		×	
○	○	○	○	○	○	○	
○	○	○	○	○	○	○	
×	×	×	×	○	×	×	
○	○	○	不参加	○	○	×	
×	×	△	×	△	△	×	×
○	○	○	Kennedy ○	○	○	○	○

注　○は裁判管轄権の肯定・×は否定・△は一部肯定を意味する。

〔資料〕判例表

判例＼判事	Kennedy	Scalia	Roberts（主席判事）	Thomas
J. McIntyre Machinery, Ltd. v. Nicastro 2011	×	×	×	×
Goodyear Dunlop Tires Operation, S. A. v. Brown 2011	×	×	×	×
Daimler AG v. Bauman 2014	×	×	×	×
Walden v. Flore 2014	×	×	×	×
BNSF Railway Co. v. Tyrrell 2017	×	Gorsuch ×	×	×
Bristol-Myers Squibb Co. V. Superior Court of California. 2017	×	×	×	×

〔資料〕判例表

Breyer	Alito	Ginsburg	Sotomayor	Kagan
×	×	○	○	○
×	×	×	×	×
×	×	×	×	×
×	×	×	×	×
×	×	×	○	×
×	×	×	○	×

〔資料〕判例表

Law Review (1)

Diego A. Zambrano	The State's Interest in Federal Procedure Stanford Law Reivew Vol. 70 June 2018
John N. Drobak	Personal Jurisdictionina Global World: A Comment on the Supreme Courts Recent Decision in Good year Dunlop Tires and Nicastro Gowash. U. L. Rev. 1707 (2012-13)
Zach Vosseler	A Theow Back to Less Enlighth and Practices: J Murtyre, Ltd v. Nicastro Univervsity of Pennsylvania Law Review Vol. 160, 366, 2012
Andrew D. Bradt D. Theodore Rave	Aggregation on Defendant Terms: Bristol-Myers Squibb and Federation of Mass-Tort Litigation Boston College Law Review Vol. 59, 2018
William S. Dodge Scott Dodson	Personal Jurisdiction and Alens Michigan Law Review Vol. 116, 2018
Patrick J. Borchers	Extending Fedederal Rule of Civil Procdedure 4 (K)2; Away to (Partially) Cleanup The Personal Jurisdiction Mess American Unversity Law Review Vol. 67, 201

Law Review (2)

Kate Bonacorsi	Not at Home with "At-Home" Jurisdiction Fordham International Law Journal Vol. 37, Issue 6, 2014

事項索引

欧　文

act of 26 may 1790 ················· *23*

Alien Victims Protection Statute ···*203*

amicus curiae ······················ *222*

Black 判事 ······················ *69*

chilling effect ···················· *145*

Class Action Fairness act ··········· *220*

Collateral Attack ················ *47*

Dred Scott ······················ *33*

False Conflict ···················· *163*

Field ···························· *40*

Forum Shopping ················ *28*

Full Faith and Crdit ············· *22*

Gestalt Factor ···················· *108*

Hand 判事···························· *55*

Holmes 判事 ···················· *54*

Individual Liberty Interest ········ *237*

John Bingham··················· *37*

Joseph Story ···················· *23*

Judiciary act ····················· *216*

Oregon Donation Act, 1850 ·········· *45*

patents····························· *47*

Proximate Cause ················ *210*

Single Publication Rule ·············· *144*

Social Function ···················· *239*

Solicitation Plus Formula············ *62*

The Federal Employer's Liability

　Act（FELA）················· *215*

Torture Victim Protection Act ······ *203*

Transient jurisdiction ················ *182*

Warranty ····················· *123*

あ　行

イロコイ連邦 ···················· *11*

か　行

カンサス・ネブラスカ法 ··········· *33*

誤審令状 ······················ *47*

さ　行

残余財産 ······················ *78*

受益者指定権 ···················· *78*

準対物管轄権 ···················· *84*

た　行

統一扶養判決執行法 ················· *91*

特許不実施主体···················· *229*

は　行

非居住者運転法 ·················· *60*

法人格否認論···················· *199*

ま　行

ミズーリ協定 ···················· *33*

ら　行

リステイトメント ················· *71*

連合規約 ······················ *8*

連邦外国国家主権免責法··············· *206*

ロング・アーム法 ················· *71*

253

あ と が き

本書の刊行にあたって 10 年以上の年月を費やしてしまった。

2008 年，慶應義塾創立 150 周年記念論文の執筆の機会を与えられたことが，本書の執筆のきっかけとなった。

同論文を基調に，過去の論文をまとめる予定をして完成に近づいたところ，2011 年連邦最高裁が，対人管轄権訴訟に関する重要な判決を下したため，大幅に原稿の書き変えが必要となった。

そうこうしている間，また 2015 年に，連邦最高裁から重要な判決が下され，追加作業に時間をとられてしまった。

ほぼ原稿が完成したところに，2017 年にたて続けに重要な判決が下され，また追加作業と原稿の大幅な修正がもとめられた。

最終的に 2018 年末にほぼ全体像をとりまとめることができて，今回なんとか出版にこぎつけることができた。

そもそも，なぜ私がアメリカ法に興味をもち，大学においてアメリカ法のゼミを選択したかと言えば，小中学生の時に見たアメリカのテレビドラマ「ペリーメイスン」に大きな影響を受けたことは明らかである。勿論ミステリードラマではあるが，アメリカ合衆国における州の独立性，陪審制等について大いなる興味を動機づけさせたことは確かである。

大学では故平良先生の指導を受け，卒論は不十分なものであったが，修論については専門領域である裁判管轄権についての論文を完成させ，今回の出版の礎となった。

裁判管轄権を研究対象としたのは，大学での英米法の授業における抵触法の講義からである。

抵触法および州の裁判管轄権と，連邦制度はまさに，アメリカ合衆国の特有の問題として，研究するにはうってつけの対象であった。

あとがき

　大学院において故石川明先生，小林節先生には並々ならぬ御指導を受けた。

　本書の執筆にあたって行政書士の小菅慶一氏には枚挙にいとまがない御協力をいただいた。本書の刊行にあたっては慶應法学会幹事長の玉井清先生から出版助成にあたってひとかたならぬご尽力をいただいた。

　また，研究職という大変な職業の道筋をつけてくれた祖父，故長谷川仁（日動画廊創業者），多方面にわたり支援してくれた母，叱咤激励してくれた妻，信山社の稲葉様はじめ編集一同の皆様。

　最後に，これらの方々に感謝の意を表します。

　また，定年近くになり出版できたことは浅学非才な私にとっては学者冥利に尽きます。

　2019 年 7 月

河原田　有一

〈著者紹介〉

河原田 有一（かわらだ ゆういち）

　二松学舎大学教授兼慶應義塾大学講師，大東文化大学法務研究科講師，芝浦工大講師，慶應義塾大学法学部法律学卒，同大学大学院法学研究科博士課程単位取得満期退学，国際商事法務等に論文執筆

〈主要著書〉

『製造物責任訴訟を中心とした米国裁判管轄権訴訟の新動向』（慶應義塾大学大学院法学研究科論文集《慶應義塾大学法学研究会》18号，51-65頁，1983年），『損害賠償請求訴訟における対米フォーラム・ショッピングの二重構造の動向』（国際商事法務《国際商事法務研究所》16巻4号，285-292頁，1988年），『裁判管轄権訴訟に関する合衆国最高裁判例の帰趨』（国際商事法務《国際商事法務研究所》18巻5号，1990年），『裁判管轄権訴訟における合衆国最高裁判事の判決動向』（法学研究68巻12号《慶應義塾大学法学研究会》24頁，1995年），『アサヒ判決以降の対人管轄権訴訟に関する米国連邦裁判所の判決動向（上）』（国際商事法務 Vol. 25 No.11，1997年），『アサヒ判決以降の対人管轄権訴訟に関する米国連邦裁判所の判決動向（下）』（国際商事法務 Vol. 25 No. 12，1997年），『アメリカ合衆国における適切な法廷地の選択のための新原則の動向』（国際商事法務 Vol. 27 No. 9，1999年），『米国における対日強制労働訴訟に関する連邦裁判所の事物管轄権』（国際商事法務 Vol. 30 No. 6，2002年），『R. C. カサード「アメリカ合衆国――一般的国際手続法」』（法学研究《慶應義塾大学法学研究会》57巻4号，86-93頁，1984年），『修正第14条制定前後に見る裁判管轄権訴訟』（慶應の法律学 慶應義塾創立150周年記念論文集 民事手続法《慶應義塾大学法学部》，2008年12月），『2011年以降にみる連邦最高裁における対人管轄権訴訟の新動向』（二松学舎創立140周年記念論文集2《二松学舎》，2017年10月），『対人管轄権訴訟における米国連邦最高裁判決のパラダイムシフト』（国際商事法務 Vol. 46 No. 2，2018年）

アメリカ合衆国憲法における
連邦制度と裁判(対人)管轄権訴訟

2019(令和元)年7月30日　初版第1刷発行
p.272　8573-01011：012-035-005

©著　者　河原田　有　一
発行者　今井 貴・稲葉文子
発行所　株式会社　信 山 社

〒113-0033　東京都文京区本郷 6-2-9-102
tel 03-3818-1019　fax 03-3818-0344
笠間才木支店　〒309-1611 茨城県笠間市笠間 515-3
tel 0296-71-9081　fax 0296-71-9082
笠間来栖支店　〒309-1625 茨城県笠間市来栖 2345-1
tel 0296-71-0215　fax 0296-72-5410
出版契約 No.2019-8573-4-01011

Printed in Japan, 2019　印刷・製本／ワイズ書籍(Y)・牧製本
ISBN978-4-7972-8573-4 C3332

JCOPY 《(社)出版者著作権管理機構 委託出版物》
本書の無断複写は著作権法上での例外を除き禁じられています。複写される場合は,
そのつど事前に, (社)出版者著作権管理機構(電話 03-3513-6969, FAX 03-3513-6979,
e-mail: info@jcopy.or.jp)の許諾を得てください。

各国民事訴訟法参照条文　三ケ月章・柳田幸三 編

民事訴訟法旧新対照条文・新民事訴訟規則対応
　日本立法資料全集編集所 編

民事裁判小論集　中野貞一郎 著

民事訴訟法〔明治23年〕　松本博之・徳田和幸 編著
　日本立法資料全集本巻

破産法比較条文の研究　竹下守夫 監修
　　　　加藤哲夫・長谷部由起子・上原敏夫・西澤宗英 著

国際的民事紛争と仮の権利保護　野村秀敏 著

民事訴訟法判例研究集成　野村秀敏 著

手続保障論集　本間靖規 著

倒産法　三上威彦 著

〈概説〉倒産法　三上威彦 著

〈概説〉民事訴訟法　三上威彦 著

信山社

法学六法

池田真朗・宮島司・安冨潔
三上威彦・三木浩一・小山剛
北澤安紀 編集代表

■好評の超薄型・超軽量の六法■

信山社

現代選書シリーズ

未来へ向けた、学際的な議論のために、
その土台となる共通知識を学ぶ

畠山武道	著	環境リスクと予防原則 I －リスク評価〔アメリカ環境法入門〕
畠山武道	著	環境リスクと予防原則 II －予防原則論争〔アメリカ環境法入門2〕
中村民雄	著	EUとは何か（第2版）
森井裕一	著	現代ドイツの外交と政治
三井康壽	著	大地震から都市をまもる
三井康壽	著	首都直下大地震から会社をまもる
林 陽子	編著	女性差別撤廃条約と私たち
黒澤 満	著	核軍縮入門
森本正崇	著	武器輸出三原則入門
高 翔龍	著	韓国社会と法
加納雄大	著	環境外交
加納雄大	著	原子力外交
初川 満	編	国際テロリズム入門
初川 満	編	緊急事態の法的コントロール
森宏一郎	著	人にやさしい医療の経済学
石崎 浩	著	年金改革の基礎知識（第2版）

信山社

民事手続法の現代的機能

　石川明・三木浩一 編

現代民事手続法の課題 ― 春日偉知郎先生古稀祝賀

　加藤新太郎・中島弘雅・三木浩一・芳賀雅顯 編

国際取引の現代的課題と法 ― 澤田壽夫先生追悼

　柏木昇・杉浦保友・森下哲朗・平野温郎・河村寛治・阿部博友 編

21世紀民事法学の挑戦 ― 加藤雅信先生古稀記念

　加藤新太郎・太田勝造・大塚直・田髙寛貴 編

人間の尊厳と法の役割 ― 廣瀬久和先生古稀記念

　河上正二・大澤彩 編

信山社

民事手続法評論集

　石川 明 著

訴訟上の和解

　石川 明 著

EU の国際民事訴訟法判例

　石川 明・石渡哲 編

EU 国際民事訴訟法判例 II

　石川 明・石渡哲・芳賀雅顕 編

ボーダレス社会と法—オスカー・ハルトヴィーク先生追悼

　石川 明・永田誠・三上威彦 編

信山社